AF427544

Fabio Figara

Un altro Medioevo

Dalle *crociate* al *neofeudalesimo*: l'età di mezzo nel linguaggio politico e mediatico

Codice ISBN: 9798842595235
Casa editrice: Independently published

Indice

Introduzione

Cosa significa "essere nel Medioevo", "torniamo al Medioevo" o "roba da Medioevo"? Secondo il senso comune, su cui si riflettono anche linguaggi comunicativi di massa, si ricorre a tali frasi per denigrare il comportamento di un singolo individuo o di un gruppo di persone, oppure per valutare, sempre negativamente, una situazione, una normativa, una condizione in cui si ravvisa una possibile regressione rispetto alla realtà esistente (tuttavia, a seconda del termine, e del contesto in cui è inserito, come nel caso di "crociata" o "crociati", il senso può variare completamente, trasformandosi anche in una nota positiva).

Un processo secolare ha portato allo sviluppo concettuale secondo cui il Medioevo rappresenta, ancora oggi, un periodo in cui la società umana non ha conosciuto alcun progresso a causa di epidemie e di guerre interminabili, di poteri dominanti grazie a "strategie di terrore" - quali la diffusione della paura dell'Inferno, del diavolo e della fine del mondo - che hanno ostacolato qualsiasi tentativo d'innovazione, pur essendo, in realtà, anche il periodo «delle cattedrali, delle grandi scuole di pensiero, l'età che ha prodotto Giotto e Dante Alighieri (…) l'età della fede religiosa, dell'eroismo cavalleresco, della libertà della fantasia, dei sentimenti e dell'amore»[1].

In particolare nei casi in cui sia considerato necessario risaltare posizioni o tendenze considerate conservatrici, la spinta negativa è data proprio dall'aggiunta o sostituzione di un vocabolo con un altro inerente il periodo medievale: non si tratta solo di una concezione culturale o sub-culturale che riguarda le masse, ma è

---

[1] Montesano Marina, *Medioevo e medievalismo tra Europa e America. L'attualità di un dibattito antico*, in *Materialismo Storico*, n° 1-2/2016 (vol. I), Rivista semestrale di filosofia, storia e scienze umane, Università di Urbino con il patrocinio della Internationale Gesellschaft Hegel-Marx, http://ojs.uniurb.it/index.php/materialismostorico/article/download/611/562. Web. Ultima consultazione: il 04/04/2020.

un linguaggio caro anche a buona parte dell'informazione, delle arti e della politica[2].

In quest'ultimo campo, poi, il Medioevo, al contrario, è stato recuperato per legittimare l'esistenza di nuove realtà, a cui evidentemente necessitavano presunte radici storiche profonde, tramite l'appropriazione di una certa simbologia o l'adozione di nomi specifici: «La politica contemporanea trova nel Medioevo, tempo storico oppure sorta di altrove simbolico, un luogo prediletto da cui trarre allegorie chiarificatrici, esempi attualizzanti, modelli»[3].

È chiaro che una ricerca su questi argomenti si presterebbe ad un'analisi riguardante numerosi settori della cultura, per i numerosi modi e ambiti in cui determinati vocaboli e concezioni possono essere sfruttati; ad esempio, si potrebbe vagliare il vasto mondo della produzione cinematografica dei film "storici" o "in costume", in cui si favoleggia spesso di uno strano *ius primae noctis*, cioè il diritto presunto di un "signore feudale" di poter trascorrere la prima notte di nozze con la moglie del fedele contadino, vassallo o servitore che fosse. Di fatto, dai documenti non emerge alcuna traccia di questa prepotenza: è invece una concezione inserita nelle prime enciclopedie tardo-settecentesche create in ambienti prossimi alle rivolte contro i "regimi feudali" e i diritti nobiliari. Esisteva piuttosto una sorta di tassazione (*maritagium* o maritaggio), un tributo, da versare al signore locale, ma non era di una portata implicante l'umiliante attività sessuale esercitata da questi sulle mogli altrui come, invece, si riscontra nella letteratura e nel cinema, come nel ben noto film *Braveheart*, diretto da Mel Gibson e ispirato alla storia di William Wallace, l'eroe nazionale scozzese che promosse e guidò la rivolta contro gli Inglesi che avevano occupato la Scozia alla fine del '200: nelle prime scene, uno dei motivi dell'odio scozzese nei confronti degli occupanti riguarda proprio tale violenza perpetrata da un inglese verso una

---

[2] Tommaso Di Carpegna Falconieri scrive di un «Medioevo mediatico e più o meno inventato»; Cfr. Di Carpegna Falconieri, *Medioevo militante. La politica di oggi alle prese con barbari e crociati*, Torino, Einaudi Passaggi, 2011, pagg. 5-6. Per il *Medioevo mediatico* si veda il primo capitolo.
[3] Di Carpegna Falconieri, *ibid.*

famiglia locale. Anche ne *La catedral del mar* (*La Cattedrale del Mare*) di Ildefonso Falcones, da cui è stata tratta una serie televisiva di successo, la madre del futuro protagonista, Arnau, è rapita dal conte locale in occasione delle nozze proprio per il presunto "diritto della prima notte".

È bene ricordare che per il Medioevo persiste anche un richiamo *trash* e *gotico*, «oscuro, pieno di misteri, fornitore di repertori inconsueti, di *location* suggestive, quello insomma dei primi romanzi di ambientazione storica della metà del Settecento»[4]. Sono i castelli bui – neogotici stile fine Ottocento, le orrende segrete e i misteri impenetrabili nascosti, nonché le rievocazioni storiche a richiamare un Medioevo affascinante e misterioso, senza contare i "templarismi"[5], sia in ambiente letterario che cinematografico: nel film *Il Mistero dei Templari. National Treasure* le vicende storiche dei cavalieri sono mescolate con l'antico Egitto e la rivoluzione americana. Il medioevo è quindi accomunato «a tutto ciò che è misterioso e irrazionale (...) un periodo "diverso", altro rispetto alla logica, antiscientifico, non corrispondente alle regole»[6].

Ma possiede anche un altro volto, quello epico e fantastico. È stato un periodo dove sono nate grandi leggende come quella di Artù e dei suoi cavalieri, dei tornei e dell'amor cortese, dei ladri gentiluomini come Robin Hood, della ricerca di sacre reliquie come il Santo Graal e di molte altre ancora, da cui, ancora oggi, il cinema e la letteratura prendono notevole spunto, come si può vedere dalle saghe di *The Hobbit* e *Lord of The Rings* (*Il Signore degli anelli*), di *Harry Potter* e della serie di romanzi di George R.R. Martin che compongono *Le Cronache del Ghiaccio e del Fuoco*, conosciute poi come *Game of Thrones* (ripreso in realtà dal

---

[4] Lollini Fabrizio, *Nostalgia del Medioevo*, in Eco Umberto (a cura di), *Il Medioevo - Castelli, Mercanti, Poeti*, Milano, Encyclomedia Publishers s.r.l., 2011, pag. 713.
[5] Si legga a tal proposito il saggio di Cardini Franco, *I Templari*, Milano, Giunti editore, 2013.
[6] Lollini, *ibid.*

titolo del primo romanzo), e divenute una serie di successo conosciuta come *Il Trono di Spade*[7].

I *mass media* tradizionali (periodici cartacei, televisione e radio) e i *new media* (web journal, blog, web site, social network) sono lo specchio di queste tendenze, al centro di questa ricerca, come vedremo con alcuni esempi nelle prossime pagine. In tale contesto, con l'importante diffusione di internet, in ogni campo del sapere umano è necessario tuttavia considerare anche il fenomeno delle *fake news*, problema emerso con l'aver fornito ad ogni utente la possibilità di accedere direttamente alla comunicazione di massa, dando possibilità di scrivere e trattare qualsiasi argomento pur in mancanza di strumenti culturali per gestire l'informazione (e il Medioevo non fa eccezione). La rete è un'immensa possibilità d'espressione e di conoscenza che, tuttavia, genera anche smarrimento e sfiducia verso i *media* ufficiali e verso le istituzioni, così come rappresenta una nuova sfida antropologica che ci riporta al grande tema dell'importanza di un corretto e veritiero scambio di conoscenze.

In questo breve saggio, partendo dagli studi per la tesi di laurea triennale effettuati sulle pagine del quotidiano "La Repubblica" per gli anni compresi tra il 1997 ed il 2003[8] (a cui farò riferimento in alcuni casi) ho cercato di verificare ed approfondire una prospettiva sulle modalità d'impiego corrente di alcuni termini come appunto "crociata", "feudo" e altri, tratti da vari canali d'informazione nel corso di circa un ventennio.

---

[7] In ambito musicale non possiamo dimenticare certo il rock estremo e l'heavy metal, che vedono spesso richiami in tal senso nei testi delle canzoni di molti gruppi.

[8] Cfr. Figara Fabio, *Il Medioevo su "La Repubblica" - spoglio e selezione di articoli dedicati al Medioevo pubblicati sul quotidiano "La Repubblica" (gennaio 1997 – ottobre 2001): analisi tematica e quantitativa del materiale selezionato,* Università degli studi di Pisa, Facoltà di Lettere e Filosofia, Corso di Laurea in Storia, Tesi di laurea, a.a. 2003-04, relatore Dott.sa Cecilia Iannella, visionabile alla pagina http://www.storiamedievale.net/pre-testi/FIGARA.pdf (WEB. Ultima consultazione: il 04/04/2020).

Per ogni concetto sono stati inseriti solo alcune citazioni e rimandi, a puro titolo di esempio, per mettere in luce che, con fortune alterne, nel corso degli anni il periodo medievale resta comunque al centro di continui fraintendimenti: solo accurati studi, seguiti da una diffusione di massa di molte opere ed interventi, hanno potuto chiarire al grande pubblico la realtà storica, permettendo di poter conoscere una parte del nostro passato importante, in cui si sono formati, lentamente, molti dei futuri stati moderni.

Nota

La citazione delle fonti on line segue le indicazioni dell'MLA (Modern Language Association) INTERNATIONAL BIBLIOGRAPHY (MLA style). Per gli articoli tratti da siti internet di associazioni, istituzioni e quotidiani si segnalano cognome e nome dell'autore, titolo del contributo, nome del sito, nome dell'istituzione, data di pubblicazione, la dicitura "Web" e la data di consultazione (si intende dell'ultima verifica effettuata); per i blog: cognome e nome dell'autore, titolo del post, la dicitura "Weblog entry", il nome del blog, la data di pubblicazione, è aggiunta la dicitura "Web", la data di ultima consultazione, e infine l'URL; per gli e-books Kindle: cognome e nome dell'autore, titolo (in corsivo), città, casa editrice, anno e la dicitura Kindle File; per i tweet: cognome, nome e username dell'autore, riproposto il testo del tweet per intero, la data, l'ora e inserita la dicitura "Tweet".

Il termine *medioevo* o *Medioevo* (con iniziale minuscola o maiuscola) è riportato così come nelle fonti citate.

Dal Medioevo mediatico al Medioevo 4.0

La «nostra cultura diffusa – scrive Giuseppe Sergi – mostra di non aver bisogno del medioevo qual è realmente stato, bensì di un medioevo inventato: quello che si è consolidato attraverso i secoli nell'immaginario collettivo»[9].

Il senso di negatività nei confronti dell'Età di mezzo è un'eredità che trae origine dallo sviluppo di quel movimento culturale che la storiografia ufficiale chiama Umanesimo: secondo gli umanisti, infatti, sarebbe esistito un lungo periodo di rottura (*media aetas, media tempestas, media tempora*) tra l'età antica, fiorente sotto ogni suo aspetto, ed il periodo in cui essi vivevano, un'epoca nella quale si risvegliava uno spiccato interesse per l'antichità; ma questo ampio intervallo temporale avrebbe causato un peggioramento delle condizioni e delle doti umane, della società intera, che aveva necessità di ritrovare la giusta direzione.

Una suddivisione cronologica la troviamo con Flavio Biondo (nome vero Biondo Biondi), noto umanista vissuto tra l'ultimo decennio del '300 e la sesta decade del secolo successivo: tra le varie opere, scrisse anche una storia dell'Europa occidentale a partire dal 412 fino agli anni quaranta del 1400, in cui tuttavia la parola "Medioevo" o "Età di mezzo" ancora non appare. Questo importante lavoro confluì poi nei trentadue libri della *Historiarum ab inclinatione Romanorum decades* del 1453.

Successivamente, Cristoforo Cellario pose la prima vera delimitazione storica del periodo con la sua opera *Historia medii aevi*, facendolo iniziare con le invasioni barbariche e finire con la caduta di Costantinopoli nel 1453 ad opera dei turchi ottomani di Maometto II. Nel 1550 Giorgio Vasari, noto storico dell'arte ed artista lui stesso, utilizzò la divisione tripartita (antica, medievale e moderna).

In seguito gli illuministi accentuarono la concezione negativa, assimilando il Medioevo al potere della Chiesa, che essi

---

[9] Sergi Giuseppe, *L'idea di Medioevo – Tra senso comune e pratica storica*, Roma, Universale Donzelli, 1998, p. 13.

contestavano aspramente, ritenendo che avesse impedito lo sviluppo tecnico e tecnologico della società, limitando la sfera del sapere alla Bibbia: uno degli esempi di questo contrasto era rappresentato dal caso di Galileo Galilei nel XVII secolo. Contestando la teoria tolemaica, Galileo affermava come fosse la Terra a ruotare intorno al Sole, e non viceversa; ma ciò contrastava anche con il passo della Bibbia in cui Giosuè aveva fermato il moto del Sole intorno alla Terra. La Bibbia è espressione stessa della Parola di Dio rivelata ai profeti, e quindi infallibile: era come se Galileo andasse contro Dio stesso. E così le sue teorie, esposte nel *Dialogo dei massimi sistemi*, lo portarono di fronte al Sant'Uffizio: al cospetto dei giudici fu costretto ad abiurare per aver salva la vita.

Bisognerà comunque aspettare il XIX secolo per avere una rivalutazione del periodo medievale, il "Neomedioevo" o "Medievalismo" ("Medievalismi"): quest'ultimo è un termine coniato da John Ruskin a metà Ottocento, con cui l'autore indicava la riproposizione e l'ispirazione a temi e concetti ispirati al Medioevo in vari campi del sapere, fenomeno da studiare e indagare, esattamente come avviene all'interno delle Università per il periodo storico. Nel XIX secolo si assiste infatti già ad una rivalutazione importante del periodo, ma con notevoli varianti in ogni paese; infatti, come scrive Renato Bordone, «(…) in Italia specialmente, alla svolta epocale degli anni 1968-70, l'immagine di Medioevo torna alla ribalta come metafora (tradizionale) di "oscurità"»[10].

Sul piano accademico, oggi con la parola Medioevo o Età Medievale gli storici indicano un periodo compreso tra la caduta dell'Impero Romano d'Occidente, ovvero dalla deposizione dell'imperatore Romolo Augustolo da parte dell'ufficiale sciro Odoacre - avvenuta nell'anno 476 dopo Cristo – e la "scoperta" dell'America da parte di Cristoforo Colombo nel 1492

---

[10] Bordone Renato, *Medioevo oggi* in *Lo spazio letterario del Medioevo – 1. Il Medioevo Latino*, volume IV: *L'attualizzazione del testo*, Roma, Salerno Editrice, marzo 1997, p. 264.

("scoperta" perché gli Europei non avevano certo coscienza dell'esistenza di un altro continente, ma che forse sarebbe più corretto definire come "inizio della colonizzazione").

Tale arco di tempo è appunto una convenzione – che non si allontana troppo dal pensiero di Cellario - creata e accettata dalla maggior parte degli studiosi, e indica un periodo di circa mille anni che segna la conclusione del periodo "antico" ma anche l'inizio dell'era moderna. Tuttavia non è affatto corretto pensare che questi mille anni siano trascorsi senza alcun cambiamento, che l'Occidente abbia conosciuto un periodo di grande splendore con la civiltà romana prima per finire nella distruzione e nel caos successivamente, fino a risvegliarsi improvvisamente da questo lungo torpore appena alle soglie del '500. Di fatto la Storia è mutevole in quanto lo sono gli uomini, le loro concezioni e le loro idee, e in questi dieci secoli sistematicamente hanno cambiato i loro atteggiamenti, hanno compiuto scoperte, hanno mutato le loro istituzioni, hanno sviluppato le loro relazioni: pertanto lo studioso deve obbligatoriamente specializzarsi in un arco di tempo limitato all'interno di questa era che pur è soggetta a limitazioni cronologiche, ma tenendo ben presente che di secolo in secolo, o di cinquantennio in cinquantennio, o di decennio in decennio, ha visto numerosi cambiamenti che hanno interessato ogni aspetto della società. Pertanto, se è pur vero che ci sono stati dei momenti di crisi (calo demografico, diminuzione degli scambi, carestie e pestilenze) è altrettanto vero che non sono certo mancati momenti di notevole progresso che hanno influenzato anche il nostro attuale sistema di vivere.

Roba da Medioevo

Come abbiamo visto, purtroppo, la negatività che abbraccia il Medioevo è divenuta una concezione culturale che ha ben attecchito nella cultura popolare e in una certa espressione mediatica.

Inizio riprendendo un articolo di Gianni Corbi, giornalista de *La Repubblica*, pezzo studiato in occasione della mia tesi di laurea triennale, in cui l'autore riporta una storia degli ultimi anni

15

Cinquanta, in cui un sacerdote aveva rifiutato di sposare un ragazzo comunista con una donna cattolica: *Sembrava di essere nel Medioevo!* è il sottotitolo dell'articolo. L'atteggiamento intransigente del sacerdote ha portato un immediato richiamo all'Età di mezzo come epoca in cui la Chiesa era sovrana e dominata da quei "vescovi-conti"[11] tanto odiati dalla cultura ottocentesca, sperando così di ottenere l'attenzione anche del lettore più distratto. Non solo: spiegando come il cardinale Don Danilo Aiazzi, direttore del giornale "Richiami", avesse scritto al vescovo della zona una lettera in cui chiedeva che ai due giovani venisse negato loro l'accesso futuro a tutti i sacramenti, il giornalista ribadisce il concetto secondo cui l'alto prelato avrebbe scritto parole «riesumate dai secoli più bui del Medioevo»[12].

È inoltre "medievale" frustare in piazza un uomo per aver bevuto alcolici e aver avuto rapporti sessuali fuori dal matrimonio: è il caso riportato da Deborah Bonetti, giornalista de *La Nazione*, che vide come protagonista un giovane iraniano, Saeed Ghambari, punito in quel modo da funzionari della polizia di Qzvin, un piccolo centro abitato a centocinquanta chilometri da Teheran. Le immagini della tortura sono state pubblicate sul popolare quotidiano inglese *Daily Mail*, e hanno fatto il giro del mondo. Oltre alla fustigazione per gli uomini, è prevista la morte - con lapidazione per le donne – per gli omosessuali o per coloro

---

[11] Bordone Renato, *Op. Cit.*, p. 262. "Vescovo-conte" è un termine caro ad una certa storiografia tradizionale, con cui si indicava gli alti prelati che, soprattutto nella seconda metà del X secolo, sotto Ottone I ottenevano privilegi, immunità e poteri giurisdizionali sulla città: di fatto non esisteva una nomina con questa dicitura; cfr. Barbero Alessandro, Frugoni Chiara, *Dizionario del Medioevo*, Roma-Bari, Editori Laterza, maggio 2001, p. 256.

[12] Corbi Gianni, *Il matrimonio del diavolo*, da *La Repubblica* del 3 marzo 1998, pagina 37, righe 123 e 124; cfr. Fabio Figara, *Il Medioevo su "La Repubblica"- spoglio e selezione di articoli dedicati al Medioevo pubblicati sul quotidiano "La Repubblica" (gennaio 1997 – ottobre 2001): analisi tematica e quantitativa del materiale selezionato*, Università degli studi di Pisa, Facoltà di Lettere e Filosofia, Corso di Laurea in Storia, Tesi di laurea, a.a. 2003-04, relatore Dott.sa Cecilia Iannella (di seguito indicata come *Il Medioevo su "La Repubblica"*), p. 41.

che si macchino di peccati contro la castità o la fedeltà matrimoniale[13].

E, ancora, un lettore del quotidiano *Il Tirreno* ebbe a scrivere di assistere a "rigurgiti di Medioevo" per sottolineare l'interferenza della Chiesa nel caso di Eluana Englaro, la giovane in coma da più di un decennio alla quale i genitori permisero la sospensione dell'alimentazione da parte del personale medico, caso che, insieme alla tragedia Welby, scatenò numerose diatribe sull'approvazione del testamento biologico: la Chiesa, contraria ad ogni forma di eutanasia, è stata spesso criticata per la posizione su entrambi i casi[14].

Anche i problemi della mancata crescita del PIL e dell'economia italiana sono "roba da Medioevo". Sono gli inizi del 2009 e, in un clima di scetticismo che si insinua tra le scelte degli operatori economici e finanziari, il Governatore della Banca d'Italia annuncia il rischio di una recessione economica, con una contrazione del prodotto interno lordo del 2%. Il ministro dell'Economia di allora, Giulio Tremonti, per tranquillizzare il popolo italiano, rispose così: «torniamo al 2006, non al Medioevo»[15].

Ma sono "roba da Medioevo" anche le strade dissestate da tempo[16], così come l'austerità proposta dall'Europa per i Paesi

---

[13] Bonetti Deborah, *Alcol e sesso fuori dal matrimonio. Ottanta frustate in piazza. Medioevo in Iran, solo quest'anno 120 condanne alla fustigazione*, tratto dal quotidiano *La Nazione* del 24 agosto 2007, p. 21.

[14] "Rigurgiti di Medioevo", lettera al quotidiano *Il Tirreno*, pubblicata nella rubrica "Lettere & Opinioni" di martedì 2 dicembre 2008, p. 11.

[15] De Francesco Gian Maria, *Bankitalia vede un 2009 da incubo. Tremonti: «Ma non sarà il Medioevo»*, tratto da *http://www.ilgiornale.it/a.pic1?ID=321261*, pubblicato il 16/01/2009, *Il Giornale*. Web. Ultima consultazione: il 05/04/2020.

[16] Parodi Massimo, *L'asino di Buridano*, http://www.reset.it/blog/roba-da-Medioevo, *Reset Dialogues on Civilizations*, ResetDOC Europe, pubblicato il 12/11/2012. Web. Ultima consultazione: il 05/04/2020. L'articolo riporta quanto pubblicato su altri quotidiani on line: Panico Patrizia, *Via Orefice e via del Verde, lavori fermi: "Situazione da Medioevo nella zona rossa"*, http://old.laprovinciaonline.info/spip.php?article8850, *La provincia online.info Periodico di informazione, Politica, Cronaca e Cultura della Provincia di Napoli*, pubblicato il 28/10/2012. Web. Ultima consultazione: il 05/04/2020;

UE, considerata inadeguata, che porterà l'intera istituzione sull'orlo del baratro economico: ne era già convinto nel 2012 l'economista Paul Krugman che dal suo blog sul *New York Times* da sempre «porta avanti la sua crociata contro la linea europea che lui considera «tutta sacrifici e niente crescita», parlando di «un'Europa sanguinante, salassata inutilmente come i malati nel Medioevo, curati con salassi che li facevano ammalare ancora di più»[17].

È il 2014, il governo di Matteo Renzi ottiene la maggioranza al Senato per governare con 169 voti favorevoli, riuscendo a compattare la coalizione Pd e il Nuovo Centrodestra in un clima avvelenato da critiche e malcontento, dovute al distacco di Angelino Alfano da Silvio Berlusconi e all'atteggiamento dello stesso Renzi nei confronti degli elettori del Pd, verso i quali avrebbe, con tale accordo, tradito il mandato elettorale coalizzandosi con il Centrodestra. «La democrazia è sana solo se esce dalla logica delle consorterie da Italia medioevale: se l'antagonista rimane un nemico diventa non una frontiera ma un confine invalicabile» afferma Riccardo Nencini (Psi) dalle pagine on line de *Il Fatto Quotidiano*[18].

L'ombra di un ritorno all'epoca medievale torna continuamente nel dialogo e nel rapporto che i politici instaurano con gli elettori. Vediamo un attacco al Movimento 5 Stelle.

---

articolo redazionale, *Fraore, la Lega: situazione da Medioevo*, https://sanpancrazio-parma.blogautore.repubblica.it/2010/07/22/fraore-la-lega-situazione-da-Medioevo/, *La Repubblica*. Pubblicato il 22/07/2010. Web. Ultima consultazione: il 05/04/2020.

[17] Fazzino Elysa, *Krugman sul Nyt: Europa salassata, roba da Medioevo. L'austerità non funziona e l'Italia di Monti lo dimostra*, https://st.ilsole24ore.com/art/notizie/2012-12-12/krugman-europa-salassataroba-Medioevo-140350.shtml?uuid=AbTIaNBH&refresh_ce=1, *Il Sole 24 ore*. Pubblicato il 12/12/2012. Web. Ultima consultazione: il 05/04/2020.

[18] *Governo Renzi ottiene la fiducia: 169 sì. M5s: "Bugiardo come Wanna Marchi"* a cura della Redazione de *Il Fatto quotidiano* on line, https://www.ilfattoquotidiano.it/2014/02/25/governo-renzi-ottiene-la-fiducia-169-si-m5s-bugiardo-come-wanna-marchi/892698/, *Il Fatto quotidiano*, pubblicato il 25/02/2014. Web. Ultima consultazione: il 05/04/2020.

Rileggendo il programma del partito, Francesco Maria Del Vigo scrisse dalle pagine web del quotidiano *Il Giornale* che, se fosse attuato il primo programma, ci attenderebbe un «Medioevo grillino», in cui il nostro futuro «assomiglia incredibilmente al passato, a un passato di decrescita economica, di case fredde e piatti semivuoti, di lunghi spostamenti a piedi e di sacrifici»[19]. La critica riguarda la spinta dei grillini verso l'uso di fonti rinnovabili entro il 2050, indirizzando i disoccupati del settore petrolifero e del gas verso l'agricoltura, combattendo gli *OGM* e il consumo eccessivo di carne.

E se appendere un Crocifisso alle pareti pare sia "roba da Medioevo"[20], è assodato che «il Medioevo, in realtà, non ci ha mai abbandonato», come scrive Paolo Brivio dalle pagine di *Scarp de Tenis*[21], commentando un fatto accaduto in provincia di Bari. Uno stabilimento balneare, a inizio luglio 2019, rifiuta di siglare un accordo con la casa-alloggio *Raggio di Sole* di Bitonto per permettere a tredici ospiti di poter usufruire dei servizi e di godere delle spiagge e del mare. Motivo: gli ospiti della casa hanno l'Aids. «È un Medioevo della ragione, perché ignora, o finge di ignorare, le condizioni di trasmissibilità del virus. Ed è un

---

[19] Del Vigo Francesco Maria, *Attenti al Grillo. Il futuro a 5 stelle è un Medioevo povero e gelido*, pubblicato su https://www.ilgiornale.it/news/cronache/attenti-grillo-futuro-5-stelle-Medioevo-povero-e-gelido-1426397.html, *Il Giornale*, pubblicato il 31/07/2017. Web. Ultima consultazione: il 05/04/2020.
[20] Farina Renato, *"Il Crocifisso roba da Medioevo". Così abbiamo già perso*, http://www.ilgiornale.it/news/politica/crocifisso-roba-Medioevo-cos-abbiamo-gi-perso-1195134.html, *Il Giornale*, pubblicato il 17/11/2015. Web. Ultima consultazione: il 05/04/2020.
[21] Brivio Paolo, *Spiaggia vietata, è sempre Medioevo*, pubblicato sulla rivista *Scarp de' tenis. Il mensile della strada*, anno 24, numero 234, agosto-settembre 2019, Milano, Editore Oltre Soc. Coop., p. 11. Lo spunto per l'articolo è tratto dalla notizia pubblicata l'8 luglio 2019 su "La Repubblica on line": Anna Puricella, *"Avete l'Aids, qui non potete più entrare": spiaggia nel Barese rifiuta 13 persone malate*, https://bari.repubblica.it/cronaca/2019/07/08/news/mare_negato_malati_aids_bari-230704755/. *La Repubblica - Bari*. Web. Ultima consultazione: il 06/04/2020

Medioevo del cuore» perché sono discriminati gli stessi malati. Non c'è opportuna conoscenza del problema, e le istituzioni non intervengono sufficientemente per informare la popolazione in merito al fatto che «i malati che seguono la terapia antiretrovirale raggiungono la soppressione virale e non trasmettono il virus»: in Italia sono circa il 95% delle persone colpite da Hiv a seguire tali programmi di terapia.

Al tempo del Covid-19

Venendo a tempi più recenti, la diffusione del COVID-19, il Corona Virus Disease 2019, e le misure cautelative imposte dal governo, hanno portato ad inevitabili richiami ai periodi di pestilenza che hanno interessato l'Età di mezzo: «Coronavirus, la quarantena dei Vip: "Situazione da Medioevo" è il titolo dell'articolo tratto dal sito web di Tgcom24[22]. Il redattore, riportando le frasi di alcuni personaggi noti al grande pubblico, sintetizza quanto avrebbe riferito l'attore romano Carlo Verdone, ovvero: "È strano che nel 2020 ci troviamo davanti a una situazione quasi da Medioevo, manzoniana". Qui i riferimenti sono addirittura due, alle epidemie medievali e alla peste narrata nell'opera *I Promessi sposi* di Alessandro Manzoni, la cui vicenda dei giovani Renzo e Lucia è però ambientata nel XVII secolo.

Oltre ai rischi per la salute, la pandemia porta dietro di sé anche importanti flessioni dell'economia: «(…) Se crolla il Pil torniamo al Medioevo» è la preoccupazione espressa da Luca Zaia, governatore della regione Veneto, all'indomani della prima diffusione del contagio in Italia, come si può leggere dalle pagine del sito internet del quotidiano on line Open[23]. Eppure proprio nel

---

[22] Redazione (a cura di) *TgCom24, «Coronavirus, la quarantena dei Vip: "Situazione da Medioevo"*;
https://www.tgcom24.mediaset.it/televisione/coronavirus-la-quarantena-dei-vip-situazione-da-Medioevo_15717871-202002a.shtml. Web. Articolo del 05 marzo 2020, Ultima consultazione: in data 25 marzo 2020.
[23] La frase è parte del titolo dell'articolo pubblicato sul quotidiano on line *Open* il 29 febbraio 2020, fondato da Enrico Mentana, a firma della Redazione: *Coronavirus, Zaia: «La frase mi è uscita male. Se crolla il Pil torniamo al*

Medioevo, nonostante i periodi di crisi, che hanno comunque caratterizzato tutta la storia dell'Umanità, abbiamo avuto importanti momenti di crescita economica: basti pensare allo sviluppo degli scambi commerciali marittimi in tutto il Mediterraneo, che videro protagoniste città come Venezia, Pisa, Genova e Amalfi; l'avvento dei primi istituti bancari, e di pratiche come la lettera di cambio; la nascita della classe mercantile; la creazione della prima borsa europea ad Anversa; e potremmo citarne molte altre.

Il Medioevo mediatico

Con "Medioevo mediatico" si indica l'atteggiamento di un panorama giornalistico in contrasto con la morale comune, e con l'etica stessa della professione.

In un articolo del 2005 Roberto Fedi critica aspramente la scelta di Enrico Mentana, conduttore della trasmissione *Matrix* su Canale 5, trasmessa in seconda serata (come diretta concorrente del programma *Porta a Porta*, condotto da Bruno Vespa, su RaiUno) di aver mostrato tutta la sequenza della morte di Franco Scoglio, già allenatore di calcio e commentatore sportivo molto noto, dovuta ad un infarto durante una discussione in diretta Tv con l'ex presidente del Genoa Enrico Preziosi. L'emittente privata in cui avvenne il fatto, interruppe immediatamente la trasmissione, mentre – questa è l'accusa di Fedi – Mentana volle trasmettere anche il fuori onda per far crescere l'*audience* del «suo Matrix in crisi d'ascolti». E Fedi aggiunge che «non c'è spazio al privato nell'era mediatica». Cita allora un volume di Philippe Arlès dal titolo *Storia della morte in Occidente*[24] spiegando che il decesso di un personaggio importante, già nel Medioevo, «fosse un fatto pubblico», mostrato per «scopi di educazione o anche

____

Medioevo», https://www.open.online/2020/02/29/coronavirus-zaia-la-frase-mi-e-uscita-male-se-crolla-il-pil-torniamo-al-Medioevo/. *Open.*

online. Web. Ultima consultazione: il 06/04/2020.

[24] Arlès Philippe, *Storia della morte in Occidente*, Milano, BUR Biblioteca Univ. Rizzoli, Collana: La Scala. Saggi, 1998.

spettacolari». Quindi nel Medioevo erano migliori di noi, perché avevano già capito che la morte poteva avere a sua volta un fine che potremmo definire propagandistico. «Allora erano meno ipocriti – continua Fedi – lo facevano, e sapevano anche perché. Oggi, in questo *Medioevo mediatico*, fanno peggio e pretenderebbero anche di raccontarci che lo fanno per il diritto di cronaca. Meglio il Medioevo»[25].

E su altre pagine web, non necessariamente redatte da professionisti della comunicazione, questa rincorsa dei giornalisti allo "scoop a tutti i costi", anche a rischio di distruggere le vite degli altri, continua ad essere additato come *Medioevo mediatico*: un blog in *Libero Community* porta questo titolo, ricordando il «linciaggio mediatico» di un ginecologo suicidatosi a causa delle accuse infamanti contro di lui, e si esprime solidarietà alle donne coinvolte nello scandalo della clinica genovese dove si effettuavano aborti clandestini, «braccate dalla stampa che cerca racconti morbosi e si inventa storie vere» purché «siano vendibili, il tutto circondato dai manifesti dall'orrido avvoltoio [Giuliano] Ferrara che sta facendo la sua crociata miserrima per un pugno di voti. Che schifezza»[26]. Nello scritto, che l'utente web elabora prendendo spunto da un articolo di Concita De Gregorio pubblicato sul sito internet de *La Repubblica*[27], si parla anche, in senso dispregiativo, di una "crociata" (nel prossimo capitolo vedremo l'uso e l'abuso di questo termine): Ferrara, in quel periodo, stava candidandosi alle politiche portando avanti una lista, "Aborto, no grazie", contro le cliniche abortiste e le pratiche per l'interruzione di gravidanza, con l'affissione di vari slogan riportanti frasi del tipo

---

[25] Fedi Roberto, *Medioevo Mediatico*, *Firenze University Press*, http://drammaturgia.fupress.net/recensioni/recensione1.php?id=2705, pubblicato il 06/10/2005. Web. Ultima consultazione: il 26/09/2020.

[26] La critica *Medioevo mediatico* è tratta dal blog http://blog.libero.it/ossimora/4301880.html, weblog entry, ad opera di utente *Ossimora*, pubblicato il 16/03/2008. Web. Ultima consultazione: il 26/09/2020.

[27] De Gregorio Concita, *La gogna di Genova per gli aborti proibiti*, https://www.repubblica.it/2008/03/sezioni/cronaca/ginecologo-suicida/gogna-genova/gogna-genova.html, *La Repubblica,* 16/03/2008. Web. Ultima consultazione: il 06/04/2020.

«A Genova un bambino è stato abortito per un reality show». Il contesto, drammatico, riguardava proprio l'uso eccessivo dell'aborto da parte di "signore" della Genova "alta" e benestante, e di personalità dello spettacolo. Alla scoperta della clinica abortista illegale, e alla conseguente "operazione Erode" avviata dai NAS, seguì il suicidio del medico al centro dell'indagine: la polemica ha investì così la campagna elettorale del già direttore de *Il Foglio quotidiano*.

Medioevo 4.0

La globalizzazione e lo sviluppo dei mezzi di informazione hanno rappresentato un'evoluzione culturale dell'Umanità, con la condivisione e l'apprendimento di nozioni, nonché la possibilità di ampliare la conoscenza di molte realtà. Come abbiamo visto, ciò ha tuttavia permesso anche l'evolversi di fenomeni quali le *fake news* e il *dark web*, così come ha permesso a chiunque di poter esprimere, attraverso la pubblicazione on line, la propria opinione su qualsiasi argomento, spesso senza approfondimenti o senza alcun criterio, così come la rete permette di veicolare immagini cruente o avviare un confronto tra varie condizioni di vita, spesso disagiate, nel mondo. E così vediamo che l'Età di mezzo evolve verso un Medioevo 2.0, in cui la «globalizzazione porta (…) altri medioevi nel nostro presente (…) perché internet, col suo imperante 'qui, ora e dappertutto', non distingue tra i diversi livelli di civiltà. Tramite i social network spamma beffardamente torte fatte in casa e massacri, *selfie* sorridenti e appelli per salvare una donna dalla tortura, inni all'amicizia e immagini efferate. In questo #Medioevo 2.0 provate ad immaginarvi cosa posterebbero oggi Nerone su Facebook, Gengis Khan su Twitter o cosa caricherebbe Attila sul sito degli Unni»[28]. E non solo. Già nel 2017, con un post sulla pagina Facebook

---

[28] De Benedetti Laura, *Medioevo 2.0*,
https://www.quotidiano.net/blog/debenedetti/Medioevo-2-0-110.66,
Quotidiano.net. Pubblicato l'8 febbraio 2015. *Quotidiano.net*. Web. Ultima consultazione: il 08/04/2020.

personale, il giornalista Enrico Mentana scrisse: «Quello che vedo qui sul web, giorno dopo giorno, tra negazionisti della shoah, razzisti, antivaccinisti, negatori dello sbarco sulla Luna, e via cospirando, è il formarsi sempre meno indistinto di una corrente che posso nominare in un solo modo: Medio Evo 2.0»[29].

E dopo un passaggio al Medioevo 3.0[30] ormai è il momento del «Nuovo Medioevo 4.0», come recita il titolo dell'inchiesta redatta da Livia Pandolfi sulla rivista *VerdEtà*, *Il declino della scienza e il trionfo dell'umore*[31]: «In fondo quando parliamo di Medioevo ci vengono in mente i roghi dei libri e delle streghe, i tribunali dell'inquisizione, gogne e cilici. Al limite le crociate.» L'articolo è un'accusa contro le dottrine no-vax, che rappresentano una «involuzione culturale» rispetto al periodo di grande crescita scientifica e tecnologica in cui viviamo, un'epoca in cui tutto è messo in dubbio, anche la serietà e i risultati della ricerca scientifica, movimenti emozionali che hanno portato, ricorda l'autrice, la morte di un bambino di 7 anni per otite: la madre del piccolo avrebbe preferito i consigli di un omeopata, senza somministrargli all'occorrenza l'antibiotico. La critica continua sull'uso improprio di Internet e dei Social: sarebbe

---

[29] *Enrico Mentana: "Negazionisti, antivaccinisti, razzisti e cospiratori: sul web c'è il Medio Evo 2.0"*, http://www.huffingtonpost.it/2017/07/21/enrico-mentana-negazionisti-antivaccinisti-razzisti-e-cospir_a_23041237/, *Huffington Post*, pubblicato il 21/07/2017. Web. Ultima consultazione: il 08/04/2020.
[30] «(…) Sembra di vivere in un Medioevo 3.0, in una immensa piazza virtuale al centro della quale troneggia una gogna lignea, circondata da milioni di individui sordi e ciechi, dotati soltanto di voce per urlare e dita per cliccare». Il post si riferisce al caso Weinstein e all'accusa di molestie sessuali che, in un breve arco di tempo, hanno coinvolto numerosi personaggi dello spettacolo; cfr. Giamblanco Francesco, *Molestie sessuali e social Inquisizione*, weblog entry, http://www.xn--sequestounblog-2jb.it/blog/molestie-sessuali-social-inquisizione/, *Se questo è un blog*, pubblicato il 04/11/2017. Web. Ultima consultazione: il 08/04/2020.
[31] Pandolfi Livia, *Il declino della scienza e il trionfo dell'umore*, pubblicato sulla rivista *VerdEtà*, rubrica *"L'inchiesta: il nuovo Medioevo 4.0"*, Roma, CNA Pensionati, numero 66, ottobre 2018, Edizioni CNA, pp. 16-17.

opportuno, quindi, possedere delle opportune chiavi di lettura per valutare la qualità dell'informazione veicolata dalla rete.

Questa nuova "fase" del Medioevo, così come si usa per l'Industria 4.0, per il Piano nazionale Impresa 4.0 (come riportato sul sito del MISE, https://www.mise.gov.it) o per l'evoluzione tecnologica stessa (dal Web 2.0 in poi) oppure, ancora, per il Giornalismo 4.0[32], sembra riscontrare particolare gradimento tra i blogger e anche tra i professionisti della comunicazione. In *Medioevo 4.0: il sodalizio tra estrema destra e ultracattolici all'attacco dei diritti delle donne*[33] la critica è rivolta ai presunti attacchi contro la legge 22 maggio 1978, n. 194, che dispone le "Norme per la tutela sociale della maternità e sull'interruzione volontaria della gravidanza"[34]. Nello specifico l'autore si dimostra preoccupato per le mozioni proposte in alcuni consigli comunali da partiti di Centro-Destra e di Destra a Verona, a Ferrara e a Roma che parrebbero attaccare i diritti civili, in particolare delle donne, e la possibilità di abortire. Tutto comincia con «la mozione n° 434 [2018], presentata dal consigliere Leghista Alberto Zelger, che celandosi dietro il sostegno alla cultura di accoglienza della vita, di fatto, ha manifestamente inferto un duro attacco alla legge 194 e ha disposto un congruo finanziamento pubblico alle associazioni pro-life (molte a scopo

---

[32] Per un'analisi sull'evoluzione del giornalismo si legga l'interessante studio di Vincenzo Grienti, *Giornalismo 4.0. Come cambia la comunicazione*, Soveria Mannelli (CZ), Rubbettino Editore Srl, 2018.

[33] Paciello Luca, *Medioevo 4.0: il sodalizio tra estrema destra e ultracattolici all'attacco dei diritti delle donne*, pubblicato il 06 novembre 2018 sul sito https://altraideadicitta.it, pagina ufficiale di *Altra Idea di Città, movimento politico locale che raccoglie le varie anime della sinistra anconetana*: https://altraideadicitta.it/Medioevo-4-0-il-sodalizio-tra-estrema-destra-e-ultracattolici-allattacco-dei-diritti-delle-donne/. Web. Ultima consultazione: 06/04/2020.

[34] Normativa pubblicata sulla Gazzetta Ufficiale Gazzetta Ufficiale del 22 maggio 1978, n. 140, e disponibile sul sito del Ministero della Salute http://www.salute.gov.it/imgs/C_17_normativa_845_allegato.pdf. Web. Ultima consultazione: il 24/10/2020.

di lucro)[35] ». I fondi pubblici sono messi a disposizione per realizzare progetti a sostegno della maternità, in cui però, commenta l'autore, le donne che «hanno scelto di interrompere la gravidanza vengono sottoposte a pressioni psicologiche e colpevolizzazioni (…)», mentre i consultori hanno visto negli anni la riduzione di risorse economiche e professionali. "Verona torna al Medioevo" recita il titolo di un altro articolo, sempre tratto da "Veronasera", che a sua volta riporta altri interventi e interviste sull'argomento. Quel che è chiaro è che Verona parrebbe aver fatto un salto indietro di circa mille anni[36]. Ancora

---

[35] Lo scontro politico è riportato anche su *Veronasera: Mozione Zelger e 194, parla il sindaco: "Sono di destra e contro l'aborto, ma rispetto la legge"* (di Redazione, 06 ottobre 2018), http://www.veronasera.it/politica/mozione-zelger-sindaco-sboarina-strumentalizzazioni-aborto-legge-194-6-ottobre-2018-.html; *Veronasera.it.* Web. Ultima consultazione: 06/04/2020. *Il consiglio comunale di Verona ha approvato la mozione di anti-aborto* (di Redazione, 05 ottobre 2018), http://www.veronasera.it/politica/consiglio-comunale-verona-anti-aborto-5-ottobre-2018.html. Web. Ultima consultazione: 06/04/2020. L'iter della mozione è visionabile sul sito ufficiale del Comune di Verona: https://www.comune.verona.it/nqcontent.cfm?a_id=56299&iniziative&onum=434&tipo=5&odata=2018&primo. Altri quotidiani affrontarono la questione a suo tempo, considerando l'amministrazione di Verona come un laboratorio della destra estrema: cfr. Marra Wanda, *Dio, Verona e famiglia. È qui la roccaforte del Medioevo futuro*, https://www.ilfattoquotidiano.it/in-edicola/articoli/2018/10/11/dio-verona-e-famiglia-e-qui-la-roccaforte-del-Medioevo-futuro/4684646, pubblicato l'11/10/2018. *Il Fatto Quotidiano.* Web. Ultima consultazione: 06/04/2020.
[36] Stoppele Luca, *"Verona torna al Medioevo". Le polemiche travolgono la mozione anti-aborto*, tratto da *Veronasera*, pubblicato il 05/10/2018. Web. Ultima consultazione: il 08/04/2020. Cfr. Medetti Stefania, *Legge 194 sull'aborto: perché è in discussione e perché è importante difenderla*, tratto da https://d.repubblica.it/life/2018/11/30/news/legge_194_aborto_verona_proteste_femministe_non_una_di_meno_verona_provita-4209435/, *La Repubblica*. Pubblicato il 30/11/2018. Web. Ultima consultazione: il 08/04/2020. Anche le famiglie allargate e "arcobaleno" sono da tempo al centro dello scontro politico: cfr. Cangemi Annalisa, *Brignone (Possibile): "Fontana è da Medioevo, parole indegne per un ministro della Repubblica"*, https://www.fanpage.it/politica/brignone-possibile-fontana-e-da-Medioevo-parole-indegne-per-un-ministro-della-repubblica, *Fanpage.it.* Pubblicato il 03/06/2018. Web. Ultima consultazione: il 08/04/2020.

una volta ciò che viene percepito come l'attacco ad un diritto acquisito, o almeno ad una conquista sociale, riporta immancabilmente all'idea di un ritorno ad un preciso passato, ovvero al Medioevo[37].

Radici storiche per un'identità: il caso della Lega

Nonostante una generalizzata idea negativa, negli ultimi decenni il Medioevo ha invece assunto una forte connotazione simbolica «per attestare la propria peculiare identità, sia in chiave di rappresentazione delle proprie origini, sia in chiave di autorappresentazione»[38], sia per quanto riguarda la politica che per il riconoscimento di identità nazionali.

È il caso della scelta dello scudo crociato come simbolo prima del *Partito Popolare Italiano*, poi della *Democrazia cristiana*[39], oppure di realtà come il *Sacro Romano Impero Cattolico*[40] oggi, dal nome rievocativo della realtà politica e territoriale forgiata da Carlo Magno.

---

[37] La concezione di un "Medioevo 4.0" ritorna anche su molti blog: ne *La Bottega delle Storie*, Baldin Maria Rosaria racconta di una disavventura burocratica che l'ha vista protagonista: *Posta 2019, ovvero viaggio nel moderno Medioevo*. Weblog Entry. Pubblicato il 15/02/2019. Web. Ultima consultazione: il 15/04/2020. URL https://labottegadellestorie.org/posta-2019-ovvero-viaggio-nel-moderno-medioevo.

[38] Di Carpegna Falconieri, *ibid.*

[39] A tal proposito si legga Politica Insieme, *A proposito dei simboli in politica. L'ignoranza sullo scudo crociato,* https://www.politicainsieme.com/a-proposito-dei-simboli-in-politica-lignoranza-sullo-scudo-crociato-dc/ del 23/08/2019. Web. Ultima consultazione: il 24/10/2020; Bellavia Enrico, *Scudo crociato il segreto del successo Dc,* https://ricerca.repubblica.it/repubblica/archivio/repubblica/2014/07/26/scudo-crociato-il-segreto-del-successo-dc46.html, articolo del 26/07/2014. Web. Ultima consultazione: il 24/10/2020.

[40] *Europee: Dal sacro Romano impero cattolico al partito internettiano, primi simboli depositati al Viminale,* http://www.ansa.it/sito/notizie/politica/2019/04/07/europee-dal-sacro-romano-impero-cattolico-al-partito-internettiano-primi-simboli-depositati-al-viminale_1029a6db-6ca1-47db-a301-af598748423a.html, di Redazione *ANSA* del 07/04/2019. Web. Ultima consultazione: 06/04/2020; *Europee, dal Partito*

Ma il caso più emblematico è rappresentato dalla simbologia legata al partito della *Lega Nord* (di cui oggi raccoglie la maggiore eredità la *Lega* di Matteo Salvini), nato come *Lega autonomista lombarda* nei primi anni '80, con un chiaro richiamo al giuramento con cui si legarono molti e importanti comuni settentrionali per ribellarsi contro l'Imperatore Federico Barbarossa.

È il caso di un'appropriazione di un fatto storico importante, che risale alla seconda metà del XII secolo: nel 1152 l'imperatore tedesco Corrado III si spense lasciando suo erede il nipote Federico detto il Barbarossa. Uomo di media statura, riccioluto e rossiccio di barba, Federico impose da subito le linee guida della sua politica, ovvero il rafforzamento dell'autorità imperiale. Convocò immediatamente una Dieta, cioè un'assemblea dei rappresentanti del clero, della nobiltà e delle città dell'Impero, a Costanza, alla quale parteciparono anche i delegati di Papa Anastasio IV. Proprio in tale occasione emerse il problema dell'espansionismo milanese, posto da inviati della città di Lodi giunti per chiedere giustizia all'Imperatore stesso contro l'arroganza dei milanesi. Milano era una fiorente e soprattutto potente città che aveva raggiunto una forte autonomia comunale, ovvero si arrogava il diritto di poter esercitare in perfetta libertà poteri di competenza dell'Imperatore, ed inoltre dichiarava guerra ad altre città dell'Impero, quali appunto Lodi, per perseguire propri scopi politici ed economici. Il fenomeno delle autonomie locali andava diffondendosi da più di un secolo per tutta l'Italia centro-settentrionale, e per un imperatore energico come Federico ciò rappresentava una spina nel fianco. Nell'ottobre dell'anno seguente Federico giunse in Lombardia dove indisse una nuova dieta nella città di Roncaglia, vicino a Piacenza. Dopo aver rifiutato le richieste degli ambasciatori milanesi partecipanti, che volevano far riconoscere per la città i diritti regi (che il Comune già esercitava autonomamente) ed ottenere inoltre il controllo sulle città di Como e di Lodi, Federico

---

Internettiano al Sacro Romano Impero Cattolico: depositati i simboli al Viminale, https://www.ilfattoquotidiano.it/2019/04/07/europee-dal-partito-internettiano-al-sacro-romano-impero-cattolico-depositati-i-simboli-al-viminale/5092765/ di Redazione *Il Fatto Quotidiano* del 07/04/2019. Web. Ultima consultazione: 06/04/2020.

mise al bando Milano privandola di tutte le regalìe ottenute fino a quel momento. Le regalìe erano dei diritti che gli Imperatori concedevano ai Comuni e che lasciavano loro maggiore libertà nel proprio ambito territoriale, come la possibilità di riscuotere alcuni tipi d'imposte, magari sui mercati o sui fiumi navigabili o sulle strade pubbliche, o addirittura di battere moneta e di alienare territori senza eredi riconosciuti legittimamente. E per dimostrare la sua potenza militare alla città, subito in primavera Federico attaccò e distrusse Tortona, città alleata di Milano. A seguito del devastante attacco del Barbarossa a Milano nel 1162, cinque anni dopo questi Comuni si ritrovarono – secondo una tradizione – a Pontida, vicino a Bergamo, nei pressi dell'Abbazia di S. Giacomo Maggiore, per suggellare un'alleanza proprio contro l'imperatore. Oltre a Milano, a farne parte sin dall'inizio furono Bergamo, Brescia, Mantova e Cremona; successivamente vi entrarono anche altri Comuni, alcuni dei quali anche filo-imperiali. Nel 1174 Federico scese per la quinta volta in Italia, e due anni più tardi fu sconfitto dalle milizie della Lega lombarda a Legnano.

Rifacendosi a questo episodio, Umberto Bossi[41], primo leader carismatico del movimento, scelse accuratamente i simboli che potessero richiamare quell'evento d'importanza storica rilevante: come logo iniziale adottò il profilo della Lombardia, su cui svettava la figura del guerriero di Legnano, quell'Alberto da Giussano che la tradizione popolare ha tramandato come uomo d'arme con un ruolo primario nella difesa del carroccio nell'armata della lega, una figura dal profilo storico oscuro che, tuttavia, fu ripresa come mito letterario risorgimentale da autori come Berchet, Carducci e Verdi; la simbologia del "carroccio" – da cui il soprannome "leader del carroccio" attribuito al segretario leghista – un grande carro a quattro ruote trainato sul campo di battaglia, recante i simboli dei comuni in guerra; l'annuale giuramento di Pontida, che richiama la nascita della coalizione dei

---

[41] Per una lettura interessante e agevole del processo di formazione della Lega si legga Montanelli Indro, Cervi Mario, *Storia d'Italia. L'Italia degli anni di fango. Dal 1978 al 1993*, Bergamo, RCS Quotidiani S.p.A. – Corriere della Sera, 2004, pagg. 386-401.

comuni, e che si svolge ogni anno, dal 1990, momento di proclami politici e di convivialità tra i simpatizzanti del movimento[42]. Un appuntamento, quello del giuramento, a cui si aggiunge una ritualità pagana che, oggi, il segretario della *Lega* Matteo Salvini ha sostituito con richiami alla tradizione cristiana, trasformando un partito secessionista in un'entità nazionale: «un universo creato da Bossi, che aveva esordito con il motto 'La Lega ce l'ha duro', che contava una divinità (il dio Po), i rituali di massa (l'ampolla e il raduno a Pontida, dove nel 1176 giurarono i Comuni della Lega Lombarda che sconfisse Federico Barbarossa), gli antenati (i celti e non i romani) e una nazione (la Padania) da liberare dal resto d'Italia. E proprio Pontida per anni è stato il luogo simbolo, dove sfoggiare l'orgoglio, e il folklore, padano, fatto di elmi e corna, kilt e cornamuse, barbe e vessilli delle repubbliche del Nord. Negli ultimi due anni invece il pratone di Pontida ha visto spuntare croci e immagini di Maria, riferimento caro a Salvini, e tante bandiere italiane»[43].

---

[42] Melissari Laura, *Che cos'è il raduno di Pontida della Lega e qual è la simbologia che c'è dietro*, https://www.tpi.it/politica/raduno-di-pontida-lega-cosa-e-20190915447286/, *The Post Internazionale (TPI)*, Pubblicato il 15/09/2019, aggiornato il 10/01/2020. Web. Ultima consultazione: 06/04/2020.

[43] Redazione (a cura di) Adnkronos, *Dall'ampolla sul Po al presepe, la svolta di Salvini,* https://www.adnkronos.com/fatti/politica/2019/12/22/dall-ampolla-sul-presepe-svolta-salvini_4FsLmamnAZMDufKf6awhAO.html?refresh_ce, articolo del 22/12/2019. Web. Ultima consultazione: 06/04/2020.

Crociate, jihad e guerre sante

"Crociata" è sicuramente il termine maggiormente sfruttato dai media e da una certa parte della politica, sia con accezione negativa che positiva. Difatti, nella lingua odierna, essa racchiude il significato di "campagna pubblica promossa per scopi sociali, politici, religiosi, morali (...)"[44], ma "spirito di crociata" è utilizzato per indicare un "atteggiamento intollerante"[45]: con una scelta in senso negativo non si fa altro che perpetuare «la polemica degli illuministi del XVIII secolo – scrive Franco Cardini – come Diderot e Voltaire, che consideravano la crociata un tipico frutto dell'ignoranza, dell'intolleranza e del fanatismo medievali»[46], assumendo nel tempo varie sfaccettature e applicazioni nel linguaggio e nella scrittura odierni, a seconda di contesti molto differenti.

Ma anzitutto vediamo, in breve, quali sono e cosa hanno rappresentato le crociate.

Nel corso del Medioevo sono stati numerosi gli scontri armati a carattere religioso. Cristiani e musulmani si contendevano il predominio del Mediterraneo. Ma come cristiani s'identificavano, grosso modo, tutti gli europei. Infatti, una delle prime volte in cui nel Medioevo troviamo testimonianze in tal senso, e per la precisione di *europenses*, è in un documento scritto da un monaco toletano che riporta la battaglia di Poitiers del 732, battaglia con la quale Carlo Martello (cioè Carlo Piccolo Marte, così chiamato per le sue doti militari) ed i Franchi riuscirono a respingere l'aggressione araba e a salvare l'Europa dalla loro espansione (gli Arabi verranno cacciati definitivamente solo nel 1492 con la presa di Granada, in Spagna, dall'esercito di Isabella di Castiglia e di

---

[44] Cfr. Cannella Mario, Lazzarini Beata e Zaninello Andrea (a cura di) *Lo Zingarelli 2021 - Vocabolario della lingua italiana di Nicola Zingarelli*, Ristampa 2021 della Dodicesima edizione, Bologna, Zanichelli Editore, 2020, pagina 602, v. termine "crociata (1)", 2 (fig.).

[45] Cfr. *Lo Zingarelli 2021, ibid.*, termine "crociata (2)".

[46] Franco Cardini, *Le crociate. La storia oltre il mito*, Novara, De Agostini Periodici s.r.l., *Medioevo Dossier*, 1\2007, 2007, p. 6.

Ferdinando d'Aragona). Tale vittoria ebbe un effetto importantissimo: Carlo Martello fu visto come «campione della Cristianità»[47]. Essendo la società medievale completamente permeata di religione, in cui il Cristianesimo influenzava ogni aspetto della vita quotidiana e delle istituzioni, per Carlo Martello essere il portatore della vittoria del Cristo significava altresì aumentare il proprio prestigio politico. Proprio per questo motivo i cristiani che combattevano contro i musulmani erano quindi europei, in quanto l'unico spunto di coesione tra le varie popolazioni era il simbolo della Croce.

Tutto iniziò nel 1095. Ancora una volta il pericolo islamico fu la matrice unificatrice dei popoli europei, anche se i nemici contro cui combattere, gli occupanti il Santo Sepolcro, erano le tribù turche, che rendevano rischiosi e difficili i pellegrinaggi ai luoghi santi. Al Concilio di Clermont, Papa Urbano II, al grido "Dio lo vuole", aveva scatenato forze sopite e inaspettate, risultato delle gravi e profonde crisi sociali del tempo. È un dibattito storiografico comprendere le varie e probabili intenzioni del Pontefice, non ultima quella di distrarre i regni europei e le varie realtà politiche esistenti dal combattersi a vicenda nei propri territori.

In tale contesto, se è vero che la gran parte dei pellegrini (peccatori in cerca d'indulgenza e ferventi credenti) affrontarono ogni sorta di disagio mossi da una profonda fede, le crociate rappresentarono comunque una sorta di affare che da alcuni storici è stato definito "coloniale", il primo nel suo genere: nobili sull'orlo della crisi economica, soldati in cerca di fortuna e uomini inseguenti la gloria formarono eserciti regolari per affrontare questa avventura, rischiando la loro vita nella speranza di conquistarsi il Paradiso Celeste o ben più tangibili territori, da sfruttare sistematicamente. Infatti l'espansione demografica che attraversava l'Europa in quegli anni rappresentava una delle maggiori motivazioni alla guerra "a tutti costi". Le terre *d'Outremer*, come le chiamavano, erano l'ideale per rispondere

---

[47] Vitolo Giovanni, *Medioevo – I caratteri originali di un'età di transizione*, Milano, R.C.S. Libra S.p.A., edizioni Sansoni, 2000, p. 127.

alla crescente mancanza di terre, erano le prime colonie europee, e le grandi città mercantili come Amalfi, Genova, Venezia e Pisa avevano a loro volta saputo trarre profitto da questo movimento di uomini (e di merci). Tuttavia è bene precisare che sono da considerarsi crociate anche gli scontri interni alla cristianità, contro i Catari, contro i musulmani in Spagna (*reconquista*) o contro i popoli slavi pagani. Esse erano considerate veri e propri pellegrinaggi armati che, tuttavia, racchiudevano un significato spirituale, devozionale e penitenziale forte: la suddivisione è puramente arbitraria e manualistica, in quanto ogni cristiano poteva partire in piena autonomia e aggregarsi successivamente a qualche spedizione esistente.

I manuali sono soliti suddividere le crociate medievali (*peregrinatio, iter, expeditio*) in otto spedizioni ufficiali, senza contare l'impresa organizzata nel 1096 da Pietro l'Eremita e da Gualtieri Senza Averi, la cosiddetta "crociata dei poveri", che finì con la morte di quasi tutti i partecipanti, un esercito composto da gruppi mal organizzati e incontrollabili.

La **prima spedizione** ufficiale fu senz'altro quella ad avere maggior successo, culminando con la conquista di Gerusalemme. I protagonisti di questa spedizione furono Ugo di Vermandois, fratello del re di Francia, Boemondo I d'Altavilla, principe di Taranto e figlio di Roberto il Guiscardo, Raimondo di Saint-Gilles, conte di Tolosa, Goffredo di Buglione, duca della Bassa Lorena e divenuto capo dell'esercito crociato, e molti altri nobili. Dapprima gli eserciti giunsero a Costantinopoli seguendo direzioni diverse l'uno dall'altro: dopo aver stipulato accordi con l'imperatore Alessio I Comneno, conquistarono Nicea (1097), Antiochia (1098) e poi Gerusalemme (luglio 1099), la cui conquista comportò il massacro indiscriminato di Musulmani ed Ebrei abitanti nella città; Goffredo divenne "Custode del Santo Sepolcro" (carica che conservò fino all'anno successivo, ovvero fino alla sua morte) e vennero fondati quattro stati latini: il Regno di Gerusalemme, la contea di Edessa, il principato di Antiochia e la contea di Tripoli.

La **seconda crociata** fu "ispirata" dal Papa Eugenio III, dietro predicazione di Bernardo di Clairvaux, a causa della perdita della città di Edessa, avvenuta nel 1144, a seguito delle azioni militari dell'emiro di Mossul e Aleppo Imad al-Din Zinki. L'Imperatore tedesco Corrado III, il re di Francia Luigi VII ed il re di Sicilia Ruggero II organizzarono così tre spedizioni congiunte, che però si rivelarono un fallimento totale, e nel giro di due anni terminarono. Ognuno aveva pensato a perseguire anzitutto propri obiettivi: Ruggero, per esempio, aveva creduto di poter attaccare Costantinopoli! Ma il tentativo di assalto della città di Damasco fu senza dubbio il più disastroso. Gli eserciti di Corrado e di Luigi, benché composti da un numero di unità più elevato dell'esercito avversario, dovettero ritirarsi sotto una pioggia di frecce avvelenate. Fu un massacro che creò nuovo stupore ovunque, inaugurando altresì una forte crisi diplomatica con l'Imperatore bizantino, reo di non aver appoggiato gli eserciti crociati quando la situazione invece lo richiedeva.

La **terza crociata** fu senza dubbio quella dai contorni più epici, almeno per quanto è stato tramandato. La lotta contro il nemico più terribile che potesse capitare alla Cristianità, il feroce Salah ed-Din Yusuf, noto in Europa come il Saladino, assunse aspetti cavallereschi per la presenza di personaggi quali Riccardo cuor di Leone, re d'Inghilterra, Filippo II Augusto re di Francia e l'imperatore Federico I Barbarossa, che morì affogando nel fiume Salef, in Asia Minore, durante la spedizione nel 1190. La riscossa musulmana proseguiva, a cominciare dalla vittoria di Hattin, il 4 luglio 1187, e la conquista di Gerusalemme il 2 ottobre dello stesso anno, rilasciando soltanto dopo un anno Guido di Lusignano, il quale provò, con il sacrificio di centinaia di cristiani, ad assediare San Giovanni d'Acri. Nonostante l'arrivo degli eserciti francese e tedesco, solo con l'arrivo di Riccardo, giunto dopo la conquista di Cipro - importante avamposto di fronte alle coste palestinesi - nel 1191 gli eserciti cristiani riuscirono a conquistare Acri, ma non a riprendersi Gerusalemme. Il passaggio dei pellegrini per la Città Santa fu così garantito da un accordo tra Riccardo stesso ed il Saladino.

La **quarta crociata** iniziò all'insegna degli intrighi politici e degli interessi economici, culminando con il sacco della città cristiana di Costantinopoli, segno evidente del deteriorarsi dei rapporti con Roma. Papa Innocenzo III la bandì in un momento di sbandamento dei territori musulmani dovuto alla morte del Saladino (1192 o 1193) ma, anzitutto, coloro che dovevano condurre gli eserciti in Terra Santa, e cioè Baldovino di Fiandra con il fratello Enrico, Bonifacio di Monferrato e Goffredo di Villehardouin dovettero accettare le condizioni dei Veneziani e del doge Enrico Dandolo per farsi trasportare: in pratica, non potendo pagare il passaggio, avrebbero dovuto riconquistare per i Veneziani la colonia di Zara, in Dalmazia. Per di più, diretti inizialmente in Egitto – dove il potere musulmano era più forte - i crociati furono convinti a deviare per Costantinopoli, per mettere sul trono un imperatore "filo-occidentale". Nel 1203 i crociati entrarono così a Costantinopoli, rimettendo sul trono Isacco II Angelo, detronizzato precedentemente, e dando ampi poteri anche al figlio Alessio IV, alleato dei cristiani occidentali. Per soffocare le ribellioni dei cittadini, i crociati si lasciarono andare a violenze inaudite e saccheggi, in una delle città cardine della Cristianità (1204) e fondarono il debole impero latino d'Oriente, destinato ad avere breve durata.

La **quinta spedizione**, per la quale possiamo considerare uno sviluppo compreso tra gli anni 1217 e 1221, richiesta sempre da Innocenzo III e bandita dal IV Concilio lateranense (il Papa morì nel 1216), riguardò nuovamente la conquista dell'Egitto. Giovanni di Brienne, re di Gerusalemme, promise il suo appoggio ad Andrea II d'Ungheria, a capo della spedizione, al duca Leopoldo d'Austria e al re Ugo di Cipro: gli eserciti crociati si diressero verso Damietta e la conquistarono nel 1219. Una vittoria di breve durata perché il sultano d'Egitto sconfisse dopo breve tempo i crociati. Stavolta addirittura un reparto papale condotto dal cardinale Pelagio si unì alla spedizione. Pelagio insistette per avere il comando di tutta la spedizione che, in conclusione, si rivelò un disastro anche per il mancato intervento dell'Imperatore Federico II di Svevia, nipote di Federico Barbarossa.

Questa crociata è ricordata piuttosto per l'incontro tra san Francesco d'Assisi e il sultano egiziano al-Malik al-Kamil ("il re perfetto"); personaggio, quest'ultimo, che ritroviamo tra i protagonisti della **sesta crociata**: Federico II partì per l'imbarco a

Brindisi nel 1227, ma un'epidemia di febbre scoppiata nel caldo agosto di quell'anno costrinse Federico a far ritorno in patria. Tuttavia il nuovo Papa, il cardinale Ugolino da Ostia che assunse il nome di Gregorio IX, credendo che Federico volesse non mantenere l'impegno preso nei confronti della Chiesa, lo scomunicò. Allora, nel giugno successivo, Federico ripartì per Cipro senza il consenso del Papa stesso, e quest'ultimo gli rinnovò la scomunica, chiedendo anzi una nuova crociata ma, in quell'occasione, contro l'imperatore. Federico non si perse d'animo: giunse ad Acri il 7 settembre e, senza combattere, dopo essersi proclamato re di Gerusalemme, stabilì un trattato di pace decennale proprio con il sultano egiziano al-Malik al-Kamil – per il quale nutriva un'amicizia intellettuale e una stima reciproca - ottenendo anche le città di Betlemme e Nazareth, e mantenendo inalterati i diritti dei credenti islamici in altri loro luoghi sacri. Partito Federico, Gerusalemme si divise in fazioni di baroni costantemente in lotta tra loro: ciò causò la fragilità della città contro attacchi esterni, come quello sofferto da parte di una tribù di Turchi nomadi che la conquistarono nel 1244.

Le ultime due spedizioni videro protagonista Luigi IX re di Francia, santificato successivamente dalla Chiesa cattolica, abile e devoto sovrano che dette nuovo lustro alla monarchia francese.

La **settima crociata** vide la conquista di Damietta da parte delle truppe di Luigi nel 1249. Ma, mentre si dirigeva verso Il Cairo, venne sconfitto nella battaglia di al-Mansur, in cui lo stesso Luigi venne catturato: il suo paese dovette pagare un'ingente somma per il suo rilascio. Nel frattempo, proprio in Egitto, gli eventi stavano evolvendo: i Mamelucchi, una casta di schiavi-guerrieri che deteneva il reale potere in Egitto in quegli anni, spodestarono la discendenza del Saladino e nominarono un loro sultano, dando inizio ad un nuovo corso. L'**ottava crociata**, infatti, fu organizzata per arginare le invasioni mongole e dei Mamelucchi in Terra Santa: deviando in Tunisia trovò una popolazione ostile, contro la quale dovette combattere duramente, morendo in seguito per un'epidemia scoppiata tra le fila dell'esercito crociato. I Mamelucchi organizzarono la riconquista sistematica delle ultime

roccaforti cristiane in Oriente tra il 1271 ed il 1291: le ultime a
cadere furono Tiro, Sidone, Beirut e S. Giovanni d'Acri.

Oggigiorno, per quanto possa sembrare assurdo a noi
occidentali, è ancora il senso della crociata a riemergere come
motivo di divisione tra cristiani, ebrei e musulmani, a dividere
l'Oriente dall'Occidente. Con una serie di articoli scritti per
l'anniversario dei novecento anni dalla presa di Gerusalemme, e
pubblicati successivamente in un unico volume con la
collaborazione dello storico Franco Cardini[48], Gad Lerner ha
ripercorso, come un curioso visitatore del nostro tempo ma al
contempo con l'acume dello storico, i fatti di quelle giornate prima,
durante e dopo l'assedio, la storia delle prime colonizzazioni
effettuate dall'Occidente cristiano verso un mondo che appariva
fantastico, l'Oriente[49]. E ricorda, inoltre, come in quelle terre,
ancora oggi, non abbiano assolutamente dimenticato ciò che fecero
i nostri predecessori a musulmani e ad ebrei. Scrive difatti: «Il
museo nazionale di Gerusalemme ha allestito una bella mostra nel
novecentesimo anniversario [della presa di Gerusalemme], ma tra
i visitatori c'è chi reagisce male e lascia scritto: "E adesso quale
sarà la prossima? Dobbiamo anche aspettarci una bella mostra sui
nazisti?"»[50]. Ma Gad Lerner non rallenta la sua critica, e scrive
ancora come la peculiarità della situazione stia inoltre nel fatto che
molti storici e politici locali abbiano posto in rilievo come lo Stato
d'Israele di oggi assomigli molto al Regno di Gerusalemme di
allora, a causa delle sue frontiere, ma anche perché rappresenta un
corpo estraneo con una supremazia militare destinata a scomparire
nel tempo, senza contare che esiste chi si è arrischiato in
un'analogia tra i coloni franchi medievali e i *settlers* in
Cisgiordania[51] (riferimento alla situazione del 1999).

---

[48] Lerner Gad, *Crociate, il millennio dell'odio. Discussione con Franco Cardini*,
Milano, edizioni BUR Biblioteca Univ. Rizzoli, collana SB Saggi, settembre
2001.
[49] Cfr. Il *Medioevo su La Repubblica*, pagina 13.
[50] Lerner, *ibidem,* p. 86.
[51] Lerner, *ibidem,* p. 86.

Senz'altro una svolta per i media è stato l'attacco terroristico alle Twin Towers di New York l'11 settembre 2001, con la successiva guerra e i continui attacchi terroristici che per un ventennio hanno interessato tutto il mondo. D'altra parte fu il Presidente statunitense George W. Bush a dichiarare, di fronte alle telecamere e ai microfoni di tutte le emittenti più importanti del mondo, di voler intraprendere una "nuova crociata" per liberare il mondo dalla minaccia del terrorismo islamico:

"This crusade, this war on terrorism, is going to take a long time."

President Bush[52]

Ma da parte di molti esponenti del mondo islamico le ingerenze occidentali, in qualsiasi forma, parrebbero rispecchiare un atteggiamento da moderni crociati, come una lotta senza fine che si protrae ormai da secoli, con focolai di guerra che riappaiono improvvisamente. È anche vero che, per convincere le masse della correttezza di un agire politico, economico e militare, l'utilizzo di un gergo che ricordi l'esistenza di un nemico, meglio se "storico", permette di distogliere le coscienze del popolo da altri problemi – come la povertà dilagante, lo scontro di classe, la crisi economica e ambientale - e offre libertà d'azione, quando non addirittura sostegno in patria. In un testo pubblicato su *Limes*, rivista italiana di geopolitica e sul sito della stessa, www.limesonline.com, è stato tradotto un articolo tratto dal primo numero della rivista Mu'askar al-Battār (dicembre 2003-gennaio 2004), edita dalla Commissione militare dei mujāhidīn della Penisola arabica e dedicata allo šayḫ saudita 'Yūsuf al-'Ayyrī, soprannominato «al-Battār», ucciso dalla polizia saudita in carcere: «Prima che iniziasse quest'ultima tornata bellica dopo l'11 settembre tra al-Qā'ida e l'emirato islamico da un lato e gli Stati Uniti dall'altro, il nemico crociato ha dichiarato,

---

[52] *Bush urges US back to work* del 17 settembre 2001, è tratto dal sito ufficiale dell'emittente BBC, pubblicato dalla redazione (http://news.bbc.co.uk/1/hi/world/americas/1547892.stm). Web. Ultima consultazione: 06/04/2020.

attraverso il suo più alto rappresentante, il comandante dei crociati, Bush, che questa è una guerra crociata.»[53]. Non è un mistero che gli integralisti islamici che hanno rivendicato e rivendicano tutt'ora i numerosi attentati compiuti in ogni angolo del mondo, continuino a considerare noi occidentali dei crociati[54].

D'altra parte la "guerra contro il terrorismo" ha impegnato in quest'ultimo ventennio tutto il mondo occidentale, pur subendo spesso attentati e attacchi suicidi. E la questione non è risolta.

Donald J. Trump, Presidente degli Stati Uniti d'America, già nel 2016 aveva predisposto nuove misure per la lotta al terrorismo, trovando addirittura un nuovo nemico contro cui combattere: gli immigrati. Anche in questo si parla di "crociata" di Trump contro il terrorismo[55].

Sui media si denota anche, in alcuni casi, una confusione lessicale tra i termini "crociata" e *jihad*, la guerra santa islamica, perdendo tuttavia entrambe la forte connotazione simbolica religiosa, e divenendo sinonimi di "sovvertimento di un ordine costituito": così, ad esempio, è stata intesa quella di Bin Laden contro l'Occidente[56]. *Jihad* deriva da una radice araba che significa "sforzo", "impegno": è uno dei pilastri dell'Islam, ma riguarda sia la lotta contro i pagani sia lo scontro interiore che ogni musulmano

---

[53] Al-Badrānī Abdallah, *Questa guerra è crociata!*, https://www.limesonline.com/cartaceo/questa-guerra-e-crociata?prv=true&refresh_ce, 20/04/2004. *Limes, rivista di geopolitica*. Web. Ultima consultazione: 08/04/2020.

[54] Biloslano Fausto, *Al Quaida rivendica: «puniti crociati e sionisti». Attentati di Sharm el-Sheikh rivendicati dalle Brigate Abdullah Azzam*, dal quotidiano *Il Giornale* del 24/07/2005. Web. Ultima consultazione: 08/04/2020.

[55] Valsania Marco, *La crociata di Trump contro il terrorismo*, da *IlSole24ore* on line, https://st.ilsole24ore.com/art/mondo/2016-08-17/la-crociata-trump-contro-terrorismo-063532.shtml?uuid=ADAJ8c6, del 17/08/2016. Web. Ultima consultazione: 08/04/2020.

[56] Engelberg Stephan, *Guerra santa globale – la crociata di Bin Laden*, da "La Repubblica" del 15 gennaio 2001, pagina 13; cfr. *Il Medioevo su "La Repubblica"*, pp. 44-45.

deve affrontare per poter arrivare ad Allah, seppur non applicabile a tutte le correnti di pensiero islamiche.

Per non utilizzare alcuno dei due termini, l'alternativa è l'uso di un più generico "guerra santa", applicabile così in ogni ambito. In uno studio pubblicato su *Sportnews*, per conto di UCSI/UNISOB (facente parte della collana di libri della rivista *Desk*) riguardo alla situazione del giornalismo sportivo legato alle arti marziali, in particolare al judo, si menziona una «possibile guerra santa» inerente la pratica olimpica. È indubbio che la crescita dell'attenzione mediatica nei confronti della disciplina fondata dal maestro giapponese Jigorō Kanō sia dovuta sì a notevoli traguardi raggiunti da atleti occidentali negli ultimi anni, ma anche da importanti risvolti politici dovuti alla pratica del judo da parte del leader russo Vladimir Putin. Ma non solo: la giornalista Marica Spalletta, autrice della ricerca, sottolinea che tale attenzione è dovuta da quanto accaduto in occasione di importanti manifestazioni sportive: ad esempio, alle Olimpiadi di Atene 2004, il judoka iraniano Arash Miresmaeili, seguendo l'ordine di Teheran, si rifiutò di gareggiare contro l'israeliano Ehud Vaks, nonostante avesse possibilità di vittoria (Ahmadinejād, allora sindaco di Teheran, disse che l'atleta non avrebbe avuto la medaglia d'oro ma aveva già guadagnato la gloria eterna); otto anni dopo, la squadra libanese di judo dichiarò di non volersi allenare insieme al gruppo israeliano, chiedendo l'innalzamento di una barriera per dividere le due zone di allenamento[57].

La negatività legata al termine riguarda spesso anche attacchi mediatici rivolti alla Chiesa Cattolica. In *La crociata contro gli aborti dei politici con l'elmetto* l'autore, o gli autori dell'Associazione Politico-Culturale *Marx XXI* criticano l'atteggiamento delle alte cariche della Chiesa, menzionando vari prelati, in merito alla legge sull'aborto e all'uso di contraccettivi.

---

[57] Spalletta Marica, *Il judo: un giornalismo "figlio di un Dio minore"?*, in Spalletta Marica, Ugolini Lorenzo, *Sportnews. Modi e mode del giornalismo sportivo italiano*, Roma, UCSI (Unione Cattolica Stampa Italiana) e UNISOB (Università degli Studi Suor Orsola Benincasa Napoli), novembre 2013, pp. 249-274.

Ma anche l'atteggiamento di buona parte della politica del tempo (2008), la quale interviene limitatamente sull'argomento, a destare stupore: «(…) da destra a sinistra sono in tanti che sembrano preoccuparsi del diritto alla vita del feto. Ma non farebbero meglio a preoccuparsi del diritto alla vita dei tanti civili che pagano le conseguenze delle guerre che con bell'orgoglio patriottico i nostri politici definiscono missioni di pace?»[58].

Spesso lo stesso atteggiamento del Papa, di analisi e commento di alcune situazioni internazionali, è visto come un'ingerenza non gradita: in occasione della visita di Francesco I in Armenia, nel 2016 nella dichiarazione congiunta tra il Pontefice e il Chatolicos Karekin II, firmata a Etchmiadzin, centro spirituale armeno, è stato richiamato il genocidio del popolo armeno nel corso della Prima guerra mondiale ad opera dell'Impero ottomano. Pronta la reazione del vicepremier turco Nurettin Canlikli, che «ha bollato le parole del Pontefice come "molto spiacevoli" e indice di una "mentalità delle Crociate"[59].

Portare avanti una campagna o un'idea per contrastare o cambiare una situazione permane, tuttavia, come maggior ambito di applicazione del termine "crociata".

A suo tempo fu ancora Gianni Corbi a fornirmi un ottimo esempio in *La crociata di Merlin la "Rossa"*[60]. Febbraio 1958: è approvata dal Parlamento la legge n° 75 sulla chiusura delle case chiuse. In ballo la sorte di 560 stabilimenti con un giro d'affari cospicuo, e la decisione vide la rivolta anche di buona parte del

---

[58] *La crociata contro gli aborti dei politici con l'elmetto*, pubblicato dalla redazione dell'Associazione Politico-Culturale *Marx XXI* su http://www.marx21.it/index.php/fr/42?start=3140, in data 14/02/2008. Web. Ultima consultazione: 10/04/2020.

[59] Bartoloni Marzio, *Il Papa ricorda ancora il «genocidio» armeno e la Turchia replica: «Mentalità da Crociate»*, https://st.ilsole24ore.com/art/mondo/2016-06-26/il-papa-ricorda-ancora-genocidio-armeno-e-turchia-replica-mentalita-crociate-153738.shtml?uuid=ADsNmYj, *Il Sole 24 Ore*, del 26/06/2016. Web. Ultima consultazione: il 28/03/2020.

[60] Corbi Gianni, *La crociata di Merlin la "Rossa"*, da "La Repubblica" del 4 febbraio 1998, pagg. 34 e 35; cfr. *Il Medioevo su "La Repubblica"*, p. 45.

mondo intellettuale. Promotrice di questa campagna divenuta legge fu la senatrice socialista Lina Merlin, già protagonista della "settimana rossa" contro la guerra di Libia, e che il fascismo aveva mandato al confino per cinque anni. Essa cominciò la sua battaglia contro il meretricio di Stato fin dai primi giorni in cui era entrata in vigore la costituzione.

Scrivendo in merito all'ingresso di nuove lingue nei contesti nazionali, i moderni strumenti di comunicazione permettono a tutti di poter conoscere nuove parole che, tuttavia, trascinano anche grafia e pronunce diverse, con tutte le difficoltà connesse a questo ingresso. La capacità di assorbimento di queste, inoltre, varia in base alla cultura e al percorso del singolo individuo. Sabatini riporta la teoria secondo cui, a detta di alcuni studiosi, sarebbe opportuno insegnare bene l'inglese a tutti; «secondo altri, occorre una crociata più netta contro le novità»[61].

Ma gli esempi di "crociate" in tal senso, cioè come campagne vòlte al cambiamento, sono innumerevoli: l'apertura di un nuovo negozio a New York della Nutella in occasione delle celebrazioni per il cinquantesimo anniversario del prodotto scatenò numerose polemiche americane sull'uso eccessivo degli zuccheri, con una e vera e propria "crociata" contro i prodotti Made in Italy[62]; il parroco e i fedeli della chiesa del Santissimo Sacramento di Sampierdarena, a Genova, che combattono strenuamente contro un avvocato che vorrebbe impedire di suonarle[63]; il presidente Trump che si scaglia contro la vendita dei medicinali all'estero e i loro prezzi, considerati eccessivamente bassi, su cui gli altri Paesi

---

[61] Sabatini Francesco, *Lezioni di italiano: Grammatica, storia, buon uso*, Milano, Mondadori, 2016, Kindle file, pos. 1914 di 2776.

[62] Platero Mario, *Le crociate sbagliate contro il cibo made in Italy*, https://st.ilsole24ore.com/art/notizie/2014-05-17/le-crociate-sbagliate-contro-cibo-made-italy-081056.shtml?uuid=ABszPyIB&p=2, del 17/05/2014. *Il Sole 24 Ore*. Web. Ultima consultazione: 10/04/2020.

[63] Viani Bruno, *Sampierdarena alla "crociata" delle campane: «Non le zittirete»*, https://www.ilsecoloxix.it/genova/2018/01/04/news/sampierdarena-alla-crociata-delle-campane-non-le-zittirete-1.30372468, *Il Secolo XIX, Gedi News Network*, pubblicato il 03/01/2018. Web. Ultima consultazione: il 05/04/2020.

speculano[64]; la preside dell'istituto comprensivo *Donizetti* di Pollena Trocchia (NA), Angela Rosauro, che crea una petizione per impedire la partecipazione del rapper Junior Cally al Festival della canzone italiana Sanremo 2020, a causa del testo della canzone inneggiante a stupro, tortura e femminicidio[65]; è da considerarsi anche una "crociata" l'idea del Presidente della Regione Toscana, Enrico Rossi, di creare un gruppo di lavoro, formato da professionisti dell'informazione, per combattere la diffusione sui social di idee neo-naziste e razziste[66]; è stata una "crociata", quella combattuta da Gianni Mura – storico giornalista sportivo, scomparso agli inizi del 2020 - contro il divieto di vendita alcolici nei locali durante il Mondiale del 1990, imposizione per contrastare il fenomeno degli hooligans[67]. E si potrebbe continuare all'infinito.

Infine, in tempi di pandemia da Coronavirus, ha persistito per giorni tra le file dei personaggi politici o di spettacolo, e a volte anche tra professionisti del settore sanitario, uno scontro sulla veridicità dell'informazione in merito alla diffusione del virus e

---

[64] *La crociata di Trump contro i prezzi bassi dei medicinali*, da redazione www.repubblica.it,
https://ricerca.repubblica.it/repubblica/archivio/repubblica/2020/02/17/la-crociata-di-trump-contro-i-prezzi-bassi-dei-medicinaliAffari_e_Finanza17.html?ref=search, del 17/02/2020. *La Repubblica*. Web. Ultima consultazione: 10/04/2020.
[65] De Fazio Bianca, *La crociata della preside Rosauro: "No al rapper sessista a Sanremo"*,
https://ricerca.repubblica.it/repubblica/archivio/repubblica/2020/01/21/la-crociata-della-preside-rosauro-no-al-rapper-sessista-a-sanremoNapoli04.html?ref=search, 21/01/2020. *La Repubblica*. Web. Ultima consultazione: 10/04/2020.
[66] Giannini Chiara, *Rossi strabico cerca razzisti solo a destra*,
https://www.ilgiornale.it/news/politica/rossi-strabico-cerca-razzisti-solo-destra-1816980.html *Il Giornale*, 26/01/2020. Web. Ultima consultazione: il 28/03/2020.
[67] Intorcia Francesco Saverio, *È morto Gianni Mura, storica firma di Repubblica*,
https://www.repubblica.it/cronaca/2020/03/21/news/e_morto_gianni_mura_storica_firma_di_repubblica-251861209/?ref=search, del 21/03/2020. *La Repubblica*. Web. Ultima consultazione: 10/04/2020.

alle misure cautelative imposte dal governo. Vittorio Sgarbi, noto critico d'arte e personaggio di spettacolo, ha minacciato di querelare l'*Associazione Patto Trasversale per la Scienza* per procurato allarme, in quanto avrebbe diffuso notizie sul Coronavirus in contraddizione con le indicazioni dell'Istituto Superiore della Sanità. Senza entrare nel merito della diatriba, ciò che interessa è la redazione di *Libero Quotidiano* che ha considerato una «folle crociata» l'atteggiamento di Sgarbi[68].

---

[68] *Vittorio Sgarbi, folle crociata sul coronavirus: "Denuncio per procurato allarme"*,
https://www.liberoquotidiano.it/news/personaggi/21197954/vittorio_sgarbi_cor
onavirus_denuncia_procurato_allarme_associazione_patto_trasversale_per_la_
scienza.html, dalla redazione on line di *Liberoquotidiano.it*, del 14/03/2020.
Web. Ultima consultazione: 10/04/2020.

Non andrò a Canossa!

Canossa, 1077: un uomo solo, tremante e infreddolito, si aggira da tre giorni intorno alle mura del castello della contessa di Toscana Matilde. Scalzo, immerso nella neve, soffre per la sua penitenza, per essere ascoltato dal Papa, ospite della Contessa, che lo osserva dall'alto. Quell'uomo è l'imperatore Enrico IV, che sta tentando in ogni modo di farsi perdonare e di far revocare la scomunica lanciata da Gregorio VII: l'Imperatore non può accedere ai Sacramenti e alla salvezza eterna, e potrebbe essere disconosciuto da tutti i suoi sudditi. Pretendenti al trono compresi.

È il culmine dello scontro tra Papato ed Impero, un lungo periodo, che gli storici sono soliti indicare come *lotta per le investiture*, che ebbe origine dal problema dell'investitura laica degli ecclesiastici o, per meglio dire, dell'elezione dei Vescovi da parte dell'Imperatore. Spesso e volentieri, infatti, gli alti prelati erano nominati soltanto in base alle esigenze politiche imperiali: così emergevano all'interno delle diocesi personalità di notevole influsso politico ma con scarso od inesistente senso della missione ecclesiastica (arrivando addirittura al concubinato) ma anzi sfruttando la propria posizione per arricchirsi ulteriormente (come con la vendita delle indulgenze o simonia). Gregorio VII pose fine a tutto questo con una serie di decreti, con cui dichiarò decaduti tutti quei vescovi in carica che venivano riconosciuti colpevoli di quanto sopra, e dichiarò illecite le investiture effettuate dal potere laico. Enrico IV, per tutta risposta, provvide allora a nominare subito un nuovo arcivescovo di Colonia, e Gregorio rispose emanando il *Dictatus papae*, con cui proclamò la superiorità del Papa romano su qualsiasi altra autorità terrena, e ribadì che solo il Pontefice, in quanto capo indiscusso di tutta la Cristianità, poteva nominare i vescovi e che, soprattutto, poteva sciogliere i sudditi dagli obblighi verso coloro che la Chiesa considerava iniqui, incluso l'Imperatore. La scomunica portò così ad una crisi nell'Impero, in quanto si fecero avanti altri pretendenti al trono. È per questo che Enrico dovette correre ai ripari con il pentimento di

Canossa. Fu un'abile mossa politica, con la quale l'imperatore ne ottenne – come diremmo oggi – un ritorno d'immagine notevole in tutto il mondo cristiano. E proprio per questo non attese certo molto a riprendere la lotta, nominando un antipapa (Clemente III) e ad attaccare Roma dopo la conseguente scomunica. Gregorio VII, liberato dai Normanni, morì due anni dopo. Ma la lotta delle investiture proseguirà con i successori dell'uno e dell'altro, e si concluderà soltanto nel 1122 con il concordato di Worms, firmato tra il nuovo imperatore Enrico V e Papa Callisto II.

Tuttavia il primo utilizzo della frase in questione è da far risalire ad uno scontro politico tra la curia romana e Otto von Bismarck, il primo cancelliere nella storia dell'Impero tedesco.

Oggi, arroccato sull'appenino reggiano, il Castello di Canossa mostra i resti delle sue vestigia, ancora visitabili, così come il piccolo museo posto all'interno. Il gesto di Enrico IV torna saltuariamente per indicare riavvicinamenti o, al contrario, mancate riappacificazioni, in particolare in ambito politico. Vediamone alcuni esempi.

Gianfranco Fini dimostrò il suo disappunto per l'andamento del referendum del 18 aprile 1999, indetto per la cancellazione dalla legge elettorale del metodo proporzionale: aggiunse «Non andrò a Canossa»[69]. Difatti, ricorda Fini, fu a causa dello sbagliato comportamento di Silvio Berlusconi che il quorum del 50% +1 non si raggiunse. Ma ricorda anche come, per quella volta, non sarebbe tornato indietro "per far pace".

Andrea Orlando, già Ministro della Giustizia, nel 2018 cercò di smorzare i toni dopo una crisi all'interno del PD dovuta alla "sterzata" di Matteo Renzi, che riuscì ad aggiudicare molti collegi elettorali ai suoi fedelissimi di partito. Lo stesso Orlando aveva però lasciato inizialmente la direzione del partito insieme a Gianni

---

[69] Marroni Stefano, *Fini avverte Berlusconi* - "Non andrò a Canossa", da "La Repubblica" del 21 aprile 1999, pagina 15.

Cuperlo e a Michele Emiliano in segno di dissenso, scontro durato poco, con il ministro pronto a tornare «a Canossa»[70].

Maria Pezzi, per descrivere l'azione di Sergio Mattarella, ricorda quando Luigi Di Maio, al tempo uno dei pilastri del Movimento 5 Stelle, chiese l'*impeachment* per il Presidente della Repubblica, la messa in Stato d'accusa, nel 2018, perché le scelte della massima carica dello Stato furono considerate contrarie alla Costituzione e al concetto stesso di democrazia. La crisi nella creazione del governo giallo-verde (M5S-Lega) dopo le lezioni fu la scelta dei ministri: in particolare fu sollevato il caso dell'economista Paolo Savona, designato per il ministero dell'Economia. Secondo la giornalista di *Libero Quotidiano*, alla fine Mattarella è sempre riuscito ad ottenere quanto richiesto, sapendo destreggiarsi nel giro dei consensi: tornato così il primo governo Conte, Luigi Di Maio «venne a Canossa»[71].

Lo scontro politico è al culmine dopo che Matteo Salvini ha causato la caduta del primo governo Conte, e Matteo Renzi avanza una proposta di governo istituzionale. Laura Cesaretti intervista l'ex premier sull'argomento, domandando se tale proposta avrebbe causato il ritorno del leader della Lega a Canossa, cioè al

---

[70] Cfr. *Orlando torna a Canossa: "Non facciamo polemiche con il PD"*, http://www.ilpopulista.it/news/27-Gennaio-2018/22824/orlando-torna-a-canossa-non-facciamo-polemiche-con-il-pd.html, *Il Populista, MC Srl*. Pubblicato il 27/01/2018. Web. Ultima consultazione: il 10/04/2020.
[71] Cfr. Pezzi Maria, *Dopo il voto, il caos: alta tensione al Quirinale. Retroscena: la più grande paura di Mattarella*, https://www.liberoquotidiano.it/news/politica/13466377/retroscena-alta-tensione-quirinale-dopo-voto-il-caos.html, *Liberoquotidiano.it*, Editoriale Libero S.r.l. Pubblicato il 26/05/2019. Web. Ultima consultazione: il 10/04/2020; cfr. Santarpia Valentina, Governo, *Conte rinuncia. Mattarella: «Sui ministri non posso subire imposizioni», e convoca Cottarelli*, https://www.corriere.it/politica/18_maggio_27/governo-conte-19-colle-b0b7025e-61b9-11e8-83c2-c2f27971c337.shtml, *Corriere della Sera*. Pubblicato il 27/05/2018. Web. Ultima consultazione: il 10/04/2020.

riavvicinarsi a Luigi Di Maio e al Movimento 5 Stelle, con cui era precedentemente al governo[72].

E non poteva mancare un tentativo di "ritorno a Canossa" per il lungo e travagliato processo che ha portato, infine, alla "Brexit", l'uscita del Regno Unito dall'Unione europea, tra continui ripensamenti e scontri politici. Agli inizi del 2019 non risultava ancora chiaro se saremmo arrivati a questo "divorzio", in quanto lo stesso governo britannico non aveva ancora raggiunto accordi sicuri e non eccessivamente vincolanti con Bruxelles: «l'opzione Canossa», cioè un passo indietro e la richiesta di annullamento della richiesta, era ancora valutabile[73].

---

[72] Cesaretti Laura, *Renzi scopre le sue carte: "Ecco di chi mi fido davvero"*, https://www.ilgiornale.it/news/politica/berlusconi-e-salvini-c-abisso-e-cav-ha-casa-politica-1741018.html, *Il Giornale*, pubblicato il 18/08/2019. Web. Ultima consultazione: il 04/04/2020.

[73] Gilestro Giorgio, Brexit, un gioco con 4 finali, https://www.ilfoglio.it/esteri/2019/01/27/news/brexit-un-gioco-con-4-finali-234462, *Il Foglio Quotidiano*. Pubblicato il 27/01/2019. Web. Ultima consultazione: il 10/04/2020.

Eretici, streghe, patriarchi e femminicidi

Nonostante le continue campagne mediatiche e l'attenzione dell'opinione pubblica sul vergognoso e abietto fenomeno dei femminicidi, le statistiche dei delitti - spesso maturati in ambito familiare oppure dentro una relazione in corso, o terminata – sono impietose. Il Patriarca o, nella sua concezione più ampia e istituzionale, il Patriarcato, sono termini che rappresentano, in questo contesto, una condizione di subalternità della donna rispetto all'uomo. Riprendo uno scritto di Laura De Benedetti, già visto in precedenza, in cui l'autrice scrive che le donne stanno subendo «ancora negli anni duemila il 'martirio' del patriarcato, che, stupri a parte, nelle sue forme più cruente si manifesta a colpi di pugni e coltelli fino al femminicidio»[74]. Il Patriarca, almeno dal IV secolo, è un vescovo di alto grado e con un'ampia giurisdizione per l'importanza dell'episcopato che deve gestire, come nel caso del Patriarcato di Venezia. La radice della parola è "padre" inteso come colui che gestisce e controlla, capo assoluto di un clan, di una famiglia, di un nucleo sociale, di un territorio, ma sinonimo, oggi, di una concezione che vede ancora una forte contrapposizione di genere, in una società che alimenta costantemente divergenze. Una concezione purtroppo ancora viva, come dimostra anche la terminologia ricorrente sui media[75].

---

[74] Cfr. nota 28.

[75] Cfr. Alberoni Francesco, *La fine del patriarcato e il nuovo ordine necessario*, https://www.ilgiornale.it/news/cronache/fine-patriarcato-e-nuovo-ordine-necessario-1474857.html. *Il Giornale.* Pubblicato il 17/12/2017. Web. Ultima consultazione: il 08/04/2020; cfr. Centioni Alessia, *Dividersi è il regalo che noi donne non possiamo fare al patriarcato*, https://www.huffingtonpost.it/entry/dividersi-e-il-regalo-che-noi-donne-non-possiamo-fare-al-patriarcato_it_5e3bd5b7c5b6f1f57f0b6982, *Huffington Post*, pubblicato il 07/02/2020. Web. Ultima consultazione: l'08/04/2020; cfr. Viale Guido, *Violenza, razzismo e xenofobia sotto la legge del patriarcato*, https://ilmanifesto.it/violenza-razzismo-e-xenofobia-sotto-la-legge-del-patriarcato, *Il Manifesto*. Pubblicato il 22/02/2020, aggiornato il 23/03/2020. Web. Ultima consultazione: l'8/04/2020. È bene tuttavia precisare che il termine *Patriarca* può essere utilizzato anche per indicare il capostipite o il

Si tratta di vittime di una mentalità e di una subcultura che presenta notevoli difficoltà ad essere sradicata: su alcune testate il paragone con la ferocia con cui nel Medioevo sono state uccise le donne considerate streghe è inevitabile[76]. Ma la "caccia alle streghe" ha assunto anche il significato della ricerca di un capro espiatorio, spesso nel corso di inchieste puramente giornalistiche (o, peggio, social) che rischiano di trasformarsi in vere e proprie gogne mediatiche prima che sia stato espresso un giudizio dalla magistratura[77].

Anche il concetto di "eresia" e la ricerca dell' "eretico" sono al centro di una rivisitazione: in un altro degli articoli analizzati per la mia tesi, Il professore è "eretico", la Cattolica lo

---

maestro di una generazione di artisti o scienziati: cfr. Di Giammarco Rodolfo, *Addio Turi Ferro – Un Patriarca del teatro da Pirandello a Verga*, "La Repubblica" del 12 maggio 2001, pagina 39; cfr. Ferrari Maurizio, *È morto Hilary Putnam, "patriarca" della filosofia*,
https://www.repubblica.it/cultura/2016/03/14/news/morte_putnam-135469646/
La Repubblica. Pubblicato il 14/03/2016. Web. Ultima consultazione: il 08/04/2020; cfr. *Il Medioevo su "La Repubblica"*, p. 43.
[76]«Sono le nuove streghe, torturate e uccise perché hanno lottato per la loro libertà, la libertà di amare e di smettere di amare»; cfr. Bogliolo Laura, *Violenza donne, in ricordo di Nicole Lelli: «Cambio culturale contro i femminicidi»*,
https://www.ilmessaggero.it/mind_the_gap/violenza_donne_roma_nicole_lelli-4879782.html, *Il Messaggero*. Pubblicato il 22/11/2019. Web. Ultima consultazione: il 08/04/2020. Tuttavia è molto complesso tentare di definire il processo culturale che ha portato all'associazione della figura della donna con facoltà ritenute straordinarie a divenire essere demoniaco, fino alla creazione dell'Inquisizione, percorso ancora allo studio degli storici; cfr. Barbero, Frugoni, Dizionario, pp. 147-148
[77] Cfr. Repetti Manuela, *La caccia alle streghe o agli stregoni continua*, https://www.huffingtonpost.it/manuela-repetti/la-caccia-alle-streghe-o-agli-stregoni-continua_a_23277999, *Huffington Post* Pubblicato il 15/11/2017. Web. Ultima consultazione: il 08/04/2020; cfr. Grotti Leone, *Abusi, assolto il cardinale George Pell. La «caccia alle streghe» è finita*,
https://www.tempi.it/abusi-george-pell-innocente-assolto-australia, *Tempi - Contrattempi Soc. Coop.*, pubblicato il 07/04/2020. Web. Ultima consultazione: il 08/04/2020.

caccia[78], Giovanni Maria Pace riportò la vicenda, piuttosto singolare, di Luigi Lombardi Vallari, docente di Filosofia del Diritto all'Università Cattolica del Sacro Cuore di Roma, che venne sospeso dall'insegnamento nel febbraio del 1998 perché, tra le sue idee, metteva in dubbio l'esistenza dell'Inferno in quanto pena sproporzionata al peccato di un uomo; ma è stato definito "eretico" anche John McCain, rappresentante repubblicano al confronto con il leader democratico Barack Obama per la Casa Bianca nelle elezioni del 2008, che hanno visto la vittoria schiacciante di quest'ultimo: "eretico" perché avrebbe voluto «ridefinire l'ortodossia repubblicana» secondo le sue convinzioni, e per questo è stato sempre lasciato ai margini dalle scelte politiche del suo partito. Senza dubbio non gli è mancata l'audience grazie alla sua vice, Sarah Palin, nell'articolo paragonata (addirittura) a «Giovanna d'Arco» per aver affermato che «la guerra in Iraq è stata volontà di Dio»[79].

---

[78] Pace Giovanni Maria, *Il professore è "eretico", la Cattolica lo caccia*, da "La Repubblica" del 22 febbraio 1998, pagina 31; cfr. *Il Medioevo su "La Repubblica"*, pp. 42-43.

[79] Cfr. Valentino Paolo, *La sfida di McCain, eretico e bipartisan: «Il cambiamento sono io, non Obama»*, https://www.corriere.it/esteri/08_settembre_05/mccain_convention_repubblica ni_9c9629e0-7b09-11dd-9625-00144f02aabc.shtml, *Il Corriere della Sera, RCS Quotidiani S.p.A.* Pubblicato il 05/09/2008. Web. Ultima consultazione: il 10/04/2020. Il paragone – azzardato - è con la storica eroina francese, vissuta tra il 1412 circa e il 1431. La sua vicenda umana crebbe in un periodo di forti incertezze politiche e di lotte tra la popolazione, causate dalla cosiddetta Guerra dei Cent'anni, una lunga serie di scontri, politici e militari, che coinvolsero Francia e Inghilterra per questioni dinastiche e di possedimenti di territori sul continente. A seguito di una "chiamata" da parte di Dio, nel 1429 Giovanna raggiunse il delfino di Francia (il futuro Carlo VII) che versava in gravi difficoltà militari, costretto a fronteggiare l'alleanza tra il reggente del trono di Francia Giovanni di Bedford – per conto del re inglese Enrico VI di Lancaster – e Filippo III il Buono, duca di Borgogna. Giovanna convinse il delfino di essere stata inviata da Dio per cacciare gli inglesi dal suolo francese: non senza difficoltà, ottenne le truppe con le quali riuscì a liberare Orléans e, successivamente, Reims, dove Carlo poté essere incoronato re. Il nuovo sovrano di Francia, tuttavia, anziché attaccare, cominciò una serie di accordi diplomatici che non convinsero la giovane guerriera, la quale tentò di conquistare Parigi: catturata poi dai Borgognoni, fu accusata di stregoneria e

Eresia deriva da un antico termine greco che significa "scelta", e di fatto come eretici erano additati coloro che, scegliendo appunto un percorso diverso da quello proposto dalla Chiesa, si distaccavano da questa arrivando spesso a creare nuovi indirizzi.

Gli eretici erano battezzati, quindi facenti parte della comunità cristiana, che per motivi non solo di natura dottrinale, potevano porsi addirittura in contrasto con essa.

Nel Medioevo nacquero vari movimenti, la maggior parte pauperistici, perseguitati in quanto le loro dottrine tendevano a criticare spesso il clero, come nel caso di Fra' Dolcino da Novara che, ponendosi in opposizione alla Chiesa per le ricchezze, e auspicando il ritorno alla povertà evangelica, fu arso sul rogo nel 1307. Le sue prediche però ebbero un seguito di più di quattromila persone.

Altri movimenti si erano già diffusi a livello europeo, come nel caso del Catarismo: secondo questa dottrina, di stampo manicheo, il bene ed il male, rappresentati rispettivamente dallo spirito e dalla carne, erano come due facce della stessa medaglia. Contro gli Albigesi – ovvero quegli eretici catari originari della città di Albi, in Linguadoca - fu organizzata addirittura una crociata, un vero massacro che contribuì a gettare nella crisi demografica ed economica una regione fiorente. D'altra parte i confronti aperti e le prediche non avevano avuto alcun risultato, e i Catari minacciavano gravemente, di fatto, di creare una sorta di religione alternativa a quella di Roma.

---

condannata al rogo, morendo così arsa viva nella piazza di Rouen nel 1431. Dopo più di vent'anni Carlo VII, a capo della riscossa militare francese, fece riaprire il processo inquisitorio, riabilitandola. Bisognerà tuttavia aspettare il 1920 per la canonizzazione da parte di papa Benedetto XV.

Magna charta

Quando si menziona la creazione di una *Magna charta* si fa riferimento ad un documento di accordo, una costituzione per regolamentare una determinata situazione, spesso vòlta all'instaurazione di un nuovo corso, politico, economico o giurisprudenziale, oppure per avviare un percorso di riappacificazione, di tregua.

È quanto accaduto con lo studio dei diritti in internet, uno scontro culturale che, sin dalla fine degli anni '90 del secolo scorso, ha visto varie voci confrontarsi sul tema della redazione di leggi apposite per regolare la rete. Una faccenda inizialmente solo intellettuale, che solo pochi anni fa ha visto l'intervento della politica. Tim Berners-Lee lanciò la campagna "The web-we-want", "La rete che vogliamo", per definire, appunto una "Magna charta" di internet per la tutela internazionale dei diritti. In Italia si mosse nel 2014 Laura Boldrini, con la creazione di una commissione di studio dedicata[80].

Sempre rimanendo in Italia, quattro anni più tardi la crisi politica portò il Presidente della Repubblica Sergio Mattarella a sperare in un avvio di dialoghi e trattative tra i partiti. Non essendoci una realtà politica con maggioranza certa, molti esperti pensarono che la massima carica dello Stato avrebbe forzato la mano, varando un esecutivo con l'espressione di tutte le forze politiche, al fine di evitare un nuovo voto con il rischio di una crisi di sistema, dovuta anche all'attuale legge elettorale. In questo caso, il giornalista Marzio Breda intravvide una soluzione

---

[80] De Martin Juan Carlos, *La spinta a una Magna Charta collaborativa e inclusiva*, https://st.ilsole24ore.com/art/tecnologie/2014-10-13/la-spinta-una-magna-charta-collaborativa-e-inclusiva--154019.shtml?uuid=ABD2Ck2B, *Il Sole 24 ore*. Pubblicato il 13/10/2014. Web. Ultima consultazione: il 06/04/2020. Si veda anche Rombolà Carlo, *La Magna Charta del Web: l'Italia traccia la strada*, https://www.altalex.com/documents/news/2014/10/16/la-magna-charta-del-web-l-italia-traccia-la-strada, *Altalex - Quotidiano di informazione giuridica*. Pubblicato il 16/10/2014. Web. Ultima consultazione: il 06/04/2020.

"alla turca": la Costituzione di Ankara, infatti, definita nell'articolo la *magna charta* turca, prevede un sistema come sopra riportato[81].

Infine, da notare anche come l'esortazione apostolica post-sinodale *Christus vivit* è stata considerata una *magna charta* della pastorale giovanile e vocazionale delle diverse Comunità ecclesiali[82].

Effettivamente la *Magna charta libertatum ecclesiae et regni Angliae* è stata il primo statuto conosciuto, la prima "costituzione" nata per regolamentate il potere regio rispetto alle altre realtà del regno. Lo seguono, di poco, documenti come la meno nota *carta del Mandén o di Kurukan Fuga*, voluta dal regnante illuminato Soundyata Keita, divenuta nel 1222 la Costituzione dell'impero del Mali (che a metà del XIII secolo includeva gli attuali Mauritania, Senegal, Guinea, Mali, Niger, Costa d'Avorio e Burkina Faso)[83], e le *Costituzioni di Melfi* (*Costitutiones utriusque regni Siciliae*) del 1231, volute dall'imperatore Federico II si Svevia, una raccolta sistematica di norme in cui si tratta di diritto pubblico, processuale e feudale.

---

[81] Breda Marzio, *Governo, l'extrema ratio di Mattarella: «Tutti i partiti insieme»*, https://www.corriere.it/elezioni-2018/notizie/extrema-ratio-quirinale-governo-tutti-partiti-insieme-2214ecd4-2189-11e8-a661-74ccbd41f00f.shtml, pubblicato il 07/03/2018. *Il Corriere della Sera.* Web. Ultima consultazione: il 06/04/2020.

[82] Nicolais Michela, *Christus vivit: card. Baldisseri, sarà la "magna charta" della pastorale giovanile e vocazionale*, https://www.agensir.it/quotidiano/2019/4/2/christus-vivit-card-baldisseri-sara-la-magna-charta-della-pastorale-giovanile-e-vocazionale/, *Agenzia S.I.R*, pubblicato il 02/04/2019. Web. Ultima consultazione: il 06/04/2020.

[83] Cfr. Zappa Chiara, *Come in Europa. «Magna Charta» orgoglio d'Africa*, https://www.avvenire.it/agora/pagine/magna-carta-africa, *Avvenire*. Pubblicato il 29/11/2011. Web. Ultima consultazione: il 06/04/2020; cfr. Bilé Serge (traduzione di A. M. Foli), *Quando i neri fanno la storia. Fulgore e decadenza del Medioevo africano*, Verona, EMI editrice missionaria italiana, gennaio 2010; cfr. articolo redazionale, *La Carta del Mandén, proclamada en Kurukan Fuga*, https://ich.unesco.org/es/RL/la-carta-del-manden-proclamada-en-kurukan-fuga-00290, *UNESCO*, web, Ultima consultazione: il 06/04/2020.

La *Magna charta* inglese fu promulgata da Giovanni I Plantageneto (Giovanni Senzaterra) il 15 giugno 1215 per venire incontro alle proteste dei feudatari contro l'egemonia reale. Ma la scintilla fu la battaglia di Bouvines, in Fiandra, dell'anno precedente, considerata uno degli snodi storici fondamentali per la creazione del futuro regno francese, sul cui trono regnava Filippo Augusto, della dinastia dei Capetingi: egli cercò di impegnarsi per ristabilire il prestigio della monarchia, rovinato dal padre Luigi VII, che non era riuscito ad impedire che l'ex moglie Eleonora d'Aquitania, donna colta e astuta, madre di Riccardo Cuor di Leone e di Giovanni Senzaterra, avesse convolato in seconde nozze con il re inglese Enrico II, portando come dote i propri possedimenti. Con estrema abilità politica, Filippo riuscì a scatenare rivolte e contrasti in seno alla nobiltà inglese, portando dalla sua parte lo stesso Riccardo, con cui partì per la terza crociata. Sfruttando poi una serie di fortunate coincidenze (la morte di Riccardo e dell'imperatore Enrico VI), e sfruttando le proprie doti politiche, in breve tempo la situazione in Europa si ribaltò e, insieme a Papa Innocenzo III, arbitro del panorama politico rimase proprio Filippo, che, ancora una volta, sembrò essere aiutato dalla sorte: un vassallo del re inglese in Aquitania chiese giustizia al re, fornendo l'occasione a Filippo di citare il debole Giovanni Senzaterra in giudizio, a Parigi, secondo il diritto feudale vigente. Giovanni non si presentò, e venne accusato di Fellonia.

Con la consueta abilità diplomatica, Filippo riuscì a recuperare molti territori francesi caduti in mano inglese, fino a pensare ad attaccare direttamente l'Inghilterra. Con un lampo d'astuzia, Giovanni evitò l'invasione, dichiarando il suo regno feudo della Chiesa di Roma.

Nel frattempo, sul trono tedesco, aveva indossato la corona imperiale Ottone di Bruswick. Inviso a Roma, il Pontefice organizzò una coalizione contro di lui.

Filippo colse l'occasione alleandosi con Roma contro Ottone, che tra i suoi alleati aveva proprio Giovanni Senzaterra e alcuni grandi feudatari della Francia del Nord. Lo scontro finale avvenne il 27 luglio 1214, e vide la vittoria della corona francese.

Per il "povero" re inglese i problemi non erano ancora finiti:
i suoi sudditi, irritati per la pressione fiscale e la sconfitta, e per i
soprusi dei funzionari regi, non accettarono di buon grado che il
re avesse anche dichiarato il regno feudo della Chiesa. Proprio a
Londra, che era divenuta uno dei centri commerciali più
importanti dell'Europa settentrionale, dilagò la protesta di alti
dignitari, baroni ed ecclesiastici, costringendo il sovrano ad
emanare la *Magna charta libertatum*, un documento di sessanta
capitoli con cui veniva limitata l'autorità del re, con
riconoscimento di libertà individuali dei sudditi, delle città, dei
borghi e dell'apparato ecclesiastico, a cui si aggiungevano regole
sui conflitti e sulle magistrature.

L'arco di Robin, la spada di Artù

Nomi "da leggenda" possono essere affibbiati a personaggi di una certa importanza, indipendentemente dal contesto.

La figura di Re Artù incarna l'ideale di eroe senza paura, guerriero invincibile con alti principi morali, emblema di giustizia e di lealtà. Ma non sempre: può apparire anche in contesti denigratori, ad indicare un capo in veste dittatoriale, supervisore assoluto di una situazione o di un gruppo di persone.

È il 2001, continuano gli screzi tra le forze di destra e centrodestra. Umberto Bossi criticò l'atteggiamento dell'allora Presidente del Consiglio Silvio Berlusconi chiamandolo il "Re Artù di Arcore"[84].

Un grande appassionato del condottiero britannico, secondo Marco Alfieri de *La Stampa*, è stato Gianroberto Casaleggio, ideologo e fondatore del Movimento Cinque Stelle scomparso nel 2016, che pare «tenesse le riunioni a una tavola rotonda nel castello di Belgioioso (Pavia)»[85]: ogni decisione presa all'interno del Movimento, anche ogni intervista o scritto, pare dovesse esser visionato direttamente dal "guru" pentastellato.

Ma veniamo alle critiche rivolte al governo giallo-verde nella prima metà del 2019, in cui la ripresa economica non offre i risultati sperati. Una critica feroce viene da Elisabetta De Dominis di *VNY – La voce di New York*: i pronostici del «Mago Conte Merlino» non si sono rivelati, ma «per il re Salvini Artù tutto è possibile», anche se «gli sfugge qualche concetto di economia perché è rimasto al

---

[84] Ravelli Fabrizio, *E Umberto lancia la sfida: Re Artù di Arcore ci ascolterà*, da *La Repubblica* del 16 maggio 2001, pagina 7; cfr. Il Medioevo su "La Repubblica", p. 48.

[85] Alfieri Marco, *Grillo e l'ombra di Casaleggio il guru con il mito di Re Artù*, https://www.lastampa.it/politica/2012/05/26/news/grillo-e-l-ombra-di-casaleggio-br-il-guru-con-il-mito-di-re-artu-1.36481338, pubblicato il 26/05/2012. *La Stampa*. Web. Ultima consultazione: il 10/04/2020.

Medioevo e pensa che si risolva tutto mostrando i muscoli e facendo propaganda (…) mentre i suoi nobili ministri cavalieri e i solerti amministratori scudieri vengono presi uno dopo l'altro con le mani nel sacco. Quanti ignobili cavalieri mangiano alla tavola del governo, che è rotonda come quella di Camelot solo perché sono tutti uguali nella vorace inettitudine». Successivamente, nell'articolo, l'autrice prosegue affermando tuttavia che non è possibile paragonare Matteo Salvini ad Artù perché «è un sovranista non un sovrano, perché non difende il popolo ma lo caccia in un mare di guai economici», con il rischio di «tornare a una brutta copia di un governo feudale»[86].

Robin Hood è invece il personaggio che, nell'immaginario collettivo e anche mediatico, torna come rappresentazione della giustizia terrena oppure come il contrario di essa: può inoltre indicare una politica, una legge o una scelta che aggredisce i redditi medio-alti o le grandi compagnie.

Come non ricordare la *Robin Tax*, la proposta di legge di Giulio Tremonti, una tassa sui petrolieri, che prevedeva un incremento delle royalties sulle estrazioni effettuate nel territorio italiano, con una previsione di innalzamento dell'aliquota Ires sull'intera filiera petrolifera, quindi sulla creazione e commercializzazione di energia, con la speranza di alleggerire il carico sulle famiglie. È così chiamata in quanto si supponeva che "togliesse ai ricchi per dare ai poveri": già il presidente U.S.A. Jimmy Carter, ormai più di quarant'anni addietro, aveva tentato per primo questa manovra, senza successo[87]. Questa proposta è stata

---

[86] Cfr. De Dominis Elisabetta, *Il sovranista non sovrano e gli ignobili cavalieri della tavola italiana*, https://www.lavocedinewyork.com/news/politica/2019/06/07/il-sovranista-non-sovrano-e-gli-ignobili-cavalieri-della-tavola-italiana, *La Voce di New York.com*, VNY Media / La VOCE di New York. Pubblicato il 07/06/2019. Web. Ultima consultazione: il 10/04/2020.

[87] Cfr. Rendina Federico, *Robin tax: Ires sui petrolieri al 33%*, http://www.ilsole24ore.com/art/SoleOnLine4/Economia%20e%20Lavoro/2008/06/robin-tax-ires-33.shtml?uuid=c9a2770e-3dc9-11dd-862f-00000e251029&type=Libero, *Il Sole 24 Ore*. Pubblicato il 19/06/2008. Web. Ultima consultazione: il 07/04/2020; cfr. Giannini Massimo, *Il Miraggio di*

ripresa nell'ultima finanziaria, prevedendo un aumento dell'addizionale Ires del 3,5% (dal 24 al 27,5%) anche per i concessionari di autostrade, porti, aeroporti e ferrovie[88].

Anche il sindaco di New York Bill De Blasio è stato considerato come un novello "Robin Hood": candidato alla presidenza degli U.S.A. come ventitreesimo membro per i democratici, proponendosi come «paladino delle famiglie lavoratrici e della classe media, rivendicando l'aumento del salario minimo a 15 dollari l'ora, il congedo per malattia pagato, l'asilo gratis e la carta d'identità per gli immigrati senza documenti»[89]. Ma lo è stato anche Antonio Moreno Alfaro, ingegnere sivigliano in pensione, che combatte contro le compagnie di energie, ree di gonfiare i costi delle fatture di luce e gas senza alcuna giustificazione. I suoi ricorsi hanno permesso a moltissimi cittadini di recuperare il maltolto, per un rimborso totale di circa 600 milioni

---

Sherwood, http://www.repubblica.it/2008/06/sezioni/economia/tremonti-robin-tax/il-miraggio-sherwood/il-miraggio-sherwood.html, *La Repubblica.* Pubblicato il 09/07/2008. Web. Ultima consultazione: il 07/04/2020; cfr. Boeri Tito, *La leggenda della Robin tax,* https://www.repubblica.it/2008/06/sezioni/economia/conti-pubblici-72/leggenda/leggenda.html, *La Repubblica.* Pubblicato il 21/06/2008. Web. Ultima consultazione: il 07/04/2020.

[88] Cfr. Jattoni Dall'Asén Massimiliano, *Anno nuovo, tasse nuove. Ecco le 5 nuove imposte che pagheremo nel 2020. Robin Tax,* https://www.corriere.it/economia/tasse/cards/anno-nuovo-tasse-nuove-ecco-5-nuove-imposte-che-pagheremo-2020/robin-tax.shtml, *Corriere della Sera.* Pubblicato il 15/12/2019. Web. Ultima consultazione: il 07/04/2020.

[89] Cfr. Robecco Valeria, *Robin Hood de Blasio punta alla Casa Bianca,* https://www.ilgiornale.it/news/politica/robin-hood-de-blasio-punta-casa-bianca-1696080.html, *Il Giornale.* Pubblicato il 17/05/2019. Web. Ultima consultazione: il 07/04/2020. Notare nell'articolo l'uso del termine "paladino", di certo non raro, che sta ad indicare un individuo con atteggiamento di protezione, un difensore. Il termine deriva da (*comites*) *palatini*, a sua volta derivante da palatium: essi erano tra i più stretti collaboratori del re, i più alti funzionari del regno già in epoca carolingia.

di euro[90]. E sono considerate tali le Ong come la Open Arms che salvano i migranti, seppur con sarcasmo[91].

Nel tempo la figura dell'arciere di Sherwood ha assunto anche una funzione di simbolo ambientalista. È chiamato così Tiberiu Bosutar, un attivista che sta affrontando il brutale disboscamento selvaggio delle splendide foreste rumene, causato dall'operato di una vera e propria mafia del legname. Per i media e per gli ambientalisti è diventato «il Robin Hood difensore della foresta romena», combattendo la sua battaglia in Transilvania invece che a Sherwood. E proprio come il leggendario arciere, grazie alle tecnologie disponibili, ha organizzato una vera e propria "imboscata online" per cogliere i delinquenti sul fatto, creando un sito web su cui trasmettere le immagini delle attività illegali grazie a numerose microtelecamere piazzate ovunque[92].

Ma, come già anticipato, esistono anche i «Robin Hood al contrario», cioè individui, realtà o scelte con cui non si aiuta certo una parte meno abbiente della società. Beppe Scienza, esperto di risparmio e previdenza, intitola proprio così un suo articolo apparso sul *ilfattoquotidiano.it* in merito alla riduzione delle imposte sugli affitti tramite l'applicazione della cedolare secca. La critica è tuttavia rivolta ad un articolo uscito sulla rivista *Milano Finanza-Mercati Finanziari (MF)* secondo cui, essendo l'Italia lo stato europeo con minore tassazione sui redditi da locazione, tale modifica fiscale (ancora da approvare dal Parlamento nel 2010)

---

[90] Pellegrino Roberto, *Il Robin Hood di Siviglia che fa tremare i giganti*, https://www.ilgiornale.it/news/robin-hood-siviglia-che-fa-tremare-i-giganti-1823830.html, *Il Giornale*. Pubblicato il 09/02/2020. Web. Ultima consultazione: il 07/04/2020.
[91] Indelicato Mauro, *Le Ong non vogliono fermarsi: pronte a portare altri migranti*, https://www.ilgiornale.it/news/politica/sofferenze-dellitalia-ong-non-valgono-niente-1844114.html, *Il Giornale*. Pubblicato il 21/03/2020. Web. Ultima consultazione: il 07/04/2020.
[92] *Il Robin Hood che salva le foreste della Romania*, https://ricerca.repubblica.it/repubblica/archivio/repubblica/2020/03/13/il-robin-hood-che-salva-le-foreste-della-romania23.html?ref=search, *La Repubblica*. Pubblicato il 13/03/2020. Web. Ultima consultazione: il 07/04/2020.

porterebbe comunque beneficio senza alcun aggravio sulle casse dello Stato. Tuttavia ciò porterebbe ad un minor introito rispetto alle precedenti normative: incassi inferiori, in realtà, ridurrebbero la possibilità dello Stato di investire in altri settori, magari nel welfare, considerando che ciò non avrebbe comunque ridotto il problema dell'evasione fiscale[93].

Volgendo lo sguardo anche ad altri settori della vita pubblica, in occasione della donazione di Federico Leonardo Lucia, in arte "Fedez", e di Chiara Ferragni all'Istituto S. Raffaele di Milano per l'emergenza Covid-19, si è scatenato uno scontro sui social, riportato inevitabilmente dai quotidiani, per le accuse rivolte da Heather Parisi su *Twitter* al cantante: la nota showgirl americana ha infatti accusato Fedez di aver scelto un istituto facente parte di un gruppo sanitario privato, quando invece sarebbe stato più opportuno donare alla Sanità pubblica, aggiungendo che Fedez «(…) sembra Robin Hood al contrario»[94].

Re Artù e Robin Hood fanno parte delle leggende popolari britanniche giunte fino a noi, ma per entrambi i casi non è possibile individuare con certezza i personaggi storici a cui fanno riferimento i cicli di tali racconti.

---

[93] Cfr. Scienza Beppe, *Robin Hood al contrario*, https://www.ilfattoquotidiano.it/2010/08/12/robin-hood-al-contrario/49848, *Il Fatto Quotidiano*, pubblicato il 12/08/2010. Web. Ultima consultazione: il 10/04/2020; cfr Frontoni Gabriele, *Inquilini e proprietari riuniti dalla cedolare*, in *Milano Finanza-Mercati Finanziari (MF)*, Milano, Class Editori, numero del 6 agosto 2010, pag. 6.

[94] Cfr. Parisi Heather (heater_parisi), *Non era meglio promuovere la raccolta fondi per l'emergenza del #COVID2019 a favore della sanità pubblica e degli ospedali che davvero ne hanno bisogno invece che a favore del più grande gruppo di sanità privata d'Italia (GSD)? Mi sembra Robin Hood al contrario. #coronavirus*, pubblicato il 10/03/2020, 2.23 PM. Tweet; cfr. Galici Francesca, *Fedez zittisce Heather Parisi: "Tu che m... stai facendo?"*, https://www.ilgiornale.it/news/spettacoli/fedez-risponde-heather-parisi-e-spegne-polemica-tu-che-m-1838855.html, pubblicato il 10/03/2020. *Il Giornale*. Web. Ultima consultazione: il 10/04/2020.

Per il primo si può parlare di una serie di storie che vanno a comporre quella che viene chiamata "Materia di Bretagna". Dai documenti più antichi Artù è menzionato per la prima volta nel VI secolo dal cronista Gildas, in riferimento alla guerra contro i Sassoni[95], e confermato poi in seguito da personaggi di spessore come Beda, monaco della Northumbria e noto erudito, santo e dottore della Chiesa cattolica, vissuto nell'VIII secolo. Anche nel poema gallese *Gododdin* torna il ricordo di Artù come potente e coraggioso guerriero. Per lui molti storici hanno ipotizzato una carica militare romana, all'indomani del rientro delle truppe per difendere Roma dagli attacchi delle popolazioni barbare che imperversavano lungo i confini.

Il punto di svolta fu costituito dalle opere di Nennio, riconosciuto come un monaco anglosassone vissuto nel X secolo, che compose la *Historia Brittonum*[96] e i *Mirabilia*, nei quali inserì vari dettagli sulla figura di Artù, e altrettanto fecero i cronachisti gallesi; e nel XII secolo Goffredo di Monmouth celebrò le gesta di Artù fino al ferimento a sangue di quest'ultimo da parte del nipote Mordred. Altri autori utilizzarono l'opera di Goffredo come modello per i loro scritti: le più famose furono senz'altro le cinque avventure di Chrétien de Troyes (*Eric et Enide, Cligès, Lancelot, Perceval* e *Yvain*, terminate alla fine del quarto decennio del XII secolo[97]) in cui fu inserita la ricerca del Santo Graal.

La storia di Robin Hood è invece diversa. Il libro di James Holt ha approfondito l'argomento, portando alla luce una figura completamente diversa da quella che conosciamo. Nessun ladro gentiluomo, che per ribellione si nasconde nella foresta di

---

[95] Cfr. Gildas, *La conquista della Britannia. De Excidio Britanniae*, a cura di Giuriceo Sabrina, Rimini, Il Cerchio iniziative editoriali, 2005.

[96] Cfr. Nennio, *La storia di re Artù e dei Britanni. Historia Brittonum*, a cura di Adolfo Morganti, Rimini, Il Cerchio iniziative editoriali, 2003.

[97] Cfr. Chrétien de Troyes, *I Romanzi Cortesi. Perceval, Erec e Enide, Cligès, Lancillotto, Ivano* a cura di Gabriella Agrati e Maria Letizia Magini, Milano, Arnoldo Mondadori Editore S.p.A, collana Oscar Mondadori, 2009, ristampa 28.

Sherwood in attesa di derubare e depredare i ricchi per ridistribuire la ricchezza tra la povera gente.

Da vari documenti, redatti tra l'altro in epoche diverse, emerge l'esistenza di nomi che richiamano quello di Robin, ma sempre comunque in contesti diversi, sia che si parli di un proprietario terriero, sia di un affittuario che di un fuorilegge sanguinario. Scrive lo stesso autore che «tutto quanto si conosce, in pratica, della leggenda medievale di Robin Hood è derivato da cinque poemi o ballate e dal frammento di una commedia»[98]; e per scoprire la verità, analizza ogni singola opera confrontandola con notizie tratte da vari documenti ufficiali. Alcuni aspetti soltanto sembrano ricondurre alla leggenda: personaggi quali Marion o Mary (probabilmente dovuta ad una devozione nei confronti della Madonna), Little John, lo sceriffo, il re, e altri ancora.

---

[98] Cfr. Holt James C., *Robin Hood. Storia del ladro gentiluomo*, traduzione di Grazia Maria Griffini, Milano, Arnoldo Mondadori Editore S.p.A., 2005, p. 21.

(Neo)Feudalesimo

Il termine *feudo* generalmente è utilizzato dai media per indicare, ancora una volta in ambito politico o nella cronaca nera, spesso in senso negativo, un ambiente o un campo d'attività in cui si esercita un potere assoluto, come una circoscrizione elettorale[99], oppure un controllo territoriale, come nel caso della criminalità organizzata: ad esempio, la zona compresa tra Casal di Principe, Castel Volturno, Marcianise, Pescopagano e altri paesi, è considerato un feudo della famiglia Casalesi[100]; Salerno è considerata un feudo campano della famiglia De Luca: «Nell'attesa che Piero De Luca, figlio d'arte, s'affacci in Parlamento, al quale è predestinato grazie alla candidatura blindata col Pd, alla campagna elettorale ci pensa papà il governatore [Vincenzo De Luca]» è la critica mossa dal giornalista proprio sulla candidatura del figlio del governatore campano nel 2018, aggiungendo che si tratterebbe di una «signoria assoluta» e di un «sistema clientelare blindato»[101]. Siena è stata un feudo del centro-sinistra ma, nelle ultime elezioni comunali, le liste civiche hanno messo in difficoltà il candidato democratico Bruno Valentini, costretto al ballottaggio con il candidato di centrodestra Luigi De Mossi[102].

---

[99] Cfr. *Il Medioevo su "La Repubblica"*, p. 47.

[100] Lezza Laura, *Nel feudo dei Casalesi: due livornesi guidano la lotta alla Camorra*, tratto da *Il Tirreno*, cronaca di Livorno, domenica 28/12/2008, p. XI.

[101] Turco Susanna, *Viaggio nel feudo campano dei De Luca, dove il seggio va di padre in figlio*, https://espresso.repubblica.it/attualita/2018/02/13/news/viaggio-nel-feudo-campano-dei-dei-luca-dove-il-seggio-va-di-padre-in-figlio-1.318249, *L'Espresso*, pubblicato il 15/02/2018. Web. Ultima consultazione: il 28/03/2020. Il termine *Signoria* è da intendersi come sistema clientelare e di controllo esercitato su un determinato territorio da figure ben delineate: per l'evoluzione e i significati del termine tecnico cfr. Barbero, Frugoni, *Dizionario*, pp. 227-229.

[102] Barone Nicola, Nuti Vittorio, *Comunali: la Lega traina il centrodestra, M5S in frenata anche a Roma. Brescia al centrosinistra*, https://www.ilsole24ore.com/art/comunali-lega-traina-centrodestra-m5s-

È così un feudo (elettorale) della Lega la parte montuosa della provincia di Reggio Emilia, l'Unione dei comuni dell'Appennino reggiano, nonostante la vittoria del centro-sinistra alle elezioni regionali di inizio 2020 in Emilia Romagna, che ha visto la rielezione di Stefano Bonaccini[103].

Ma che cos'era il *feudo*? Termine di probabile origine germanica (probabilmente dal francone *fehu-ôd,* che si potrebbe tradurre in "possesso temporaneo"), latinizzato in *feudum/feodum* nel corso del Medioevo, avrebbe potuto significare "bene" o "bestiame". Di fatto nei regni romano-barbarici esisteva un sistema di clientele che univa un gruppo di persone ad un capo, politico o militare. Questi individui servivano con fedeltà questa autorità (che spesso avocava a sé poteri di guerra e di governo) in cambio di un ritorno, e l'unica ricompensa che un monarca poteva offrire in un periodo di scarsa circolazione monetaria e di scarso - se non addirittura inesistente - sistema di prelievo fiscale era la terra che, o per diritto di successione o per conquista militare, poteva appartenergli in gran quantità. A loro volta, le condizioni di precarietà e di pericolo del periodo, dovute alla mancanza di un potere forte e centralizzato come era stato l'impero romano, favorirono la ricerca di protezione da parte del popolo, sicurezza che solo un capo con un seguito armato poteva offrire.

Inizialmente esistevano delle concessioni di terre in affitto ridotto o nullo per colui che dimostrava una particolare fedeltà (vassallaggio), ma Carlo Magno, che da re dei Franchi divenne Imperatore del Sacro Romano Impero - richiamando gli antichi valori delle istituzioni romane e facendosi incoronare a Roma dal Papa stesso, dando un riconoscimento "divino" al suo programma

---

frenata-anche-roma-brescia-centrosinistra-AEq86t3E, *Il Sole 24 Ore.*
Pubblicato l'11 giugno 2018. Web. Ultima consultazione: l'8/04/2020.
[103] Tidona Lorenzo Enrico, *Elezioni regionali, Reggio Emilia e la Bassa sono del Pd. La montagna è il feudo della Lega,*
https://gazzettadireggio.gelocal.it/reggio/cronaca/2020/01/27/news/elezioni-regionali-reggio-emilia-e-la-bassa-sono-del-pd-la-montagna-e-il-feudo-della-lega-1.38389210, *Gazzetta di Reggio.* Data di pubblicazione: 27/01/2020. Web. Data di consultazione: 04/04/2020.

di unificazione territoriale - ebbe l'abitudine di concedere benefici vitalizi in cambio di una prestazione o di un servizio militare a lungo termine, e non solo lui: conti, vescovi e abati, che possedevano terre anche solo per donazioni ai propri monasteri o alle chiese, avevano una clientela militare propria. In questo modo nacque una vera e propria «società gerarchica»[104], con cui l'imperatore poteva controllare tutto il suo vasto territorio.

Investitura... politica

Il possesso del feudo – e quindi il riconoscimento di determinati diritti ed obblighi - era così confermato, nell'ambito di questi rapporti vassallatici, con la "cerimonia" dell'investitura.

E proprio con il termine "investitura" s'indica solitamente l'ottenimento di una carica o il riconoscimento di un ruolo da parte di una volontà superiore: pur non avendo avuto ancora l'investitura ufficiale per correre alle presidenziali, Donald Trump faceva già discutere per le sue idee e le sue conoscenze di politica estera, ritenute inadeguate dal presidente degli U.S.A. uscente Barack Obama[105]. Trump, come sappiamo, vincerà le elezioni, con tanto di festa – appunto – per l'ottenimento della carica a quarantacinquesimo presidente degli Stati Uniti d'America, evento che causò sin da subito scontri da parte di molti manifestanti[106].

---

[104] Piccinni Gabriella, *Il Medioevo*, Milano, Bruno Mondadori Editore, 2004, p. 66. Per uno studio sull'imperatore franco si legga Barbero Alessandro, *Carlo Magno. Un padre dell'Europa*, Roma-Bari, Gius. Laterza & Figli, Economia Laterza, 2004.

[105] Lavazza Andrea, *Trump, l'America e i grandi del mondo. Non si gioca col «mostro»*, https://www.avvenire.it/opinioni/pagine/non-si-gioca-col-mostro, *Avvenire*. Data di pubblicazione: 27/05/2016. Web. Data di consultazione: 04/04/2020.

[106] Gallori Paolo, *Donald Trump ha giurato da presidente degli Usa. "Con me potere torna al popolo". Firmato decreto per ridurre Obamacare*, https://www.repubblica.it/esteri/2017/01/20/news/inauguration_day_e_il_giorn o_di_trump_manifestazioni_e_proteste_a_washington_e_new_tork-156445231/, *La Repubblica*. Pubblicato il: 20/01/2017. Web. Ultima consultazione: il 04/04/2020.

Allo stesso modo, in Italia, la platea di elettori – molti dal web - del Movimento 5 Stelle aspettava da tempo la nomina del candidato premier del partito per le successive elezioni politiche. Si attendeva l'investitura ufficiale a tale ruolo di Luigi Di Maio nel corso della kermesse "Italia 5 Stelle", in concomitanza con le regionali siciliane, su cui i grillini avevano riposto grandi speranze di vittoria: ma i giudici di Palermo congelarono la candidatura di Giancarlo Cancelleri a governatore dell'isola, creando non poche perplessità nell'ambito politico[107].

Infine, è un'investitura quella di Giuseppe Conte a Presidente del Consiglio dei Ministri da parte del Presidente della Repubblica italiana Sergio Mattarella, addirittura "benedetta" dai mercati finanziari, che, per l'occasione, registrarono il calo della percentuale di spread[108].

Cavalieri e scudieri

Anche uno scudiero (dal latino *scutārius*, armato di scudo, derivante a sua volta da *scutūm*, scudo), colui che portava lo scudo e le altre armi del cavaliere, poteva essere un vassallo, come risulta da documenti prodotti in territori italiani e risalenti al XII ed al XIII secolo: di fatto lo *scutifer* era un contadino che otteneva una o più terre da un signore locale, da un vescovo o da un abate, con l'obbligo di fornire un cavallo e di accompagnare il signore all'occorrenza, gestendo i suoi bagagli. In altri paesi, come in Francia o in Inghilterra, come scudieri cominciarono ad essere

---

[107] Cerami Gabriella, *Il nuovo pasticcio delle regionarie siciliane rischia di rovinare l'investitura a premier di Luigi Di Maio*, https://www.huffingtonpost.it/2017/09/12/il-nuovo-pasticcio-delle-regionarie-siciliane-rischia-di-rovinare-linvestitura-a-premier-di-luigi-di-maio_a_23205716/, *Huffington Post*. Pubblicato il 12/09/2017. Web. Ultima consultazione: il 04/04/2020.

[108] Florio Felice, *Conte ha accettato con riserva l'incarico di Mattarella di formare un nuovo governo – Il video*, https://www.open.online/2019/08/29/conte-al-quirinale-mattarella-gli-conferisce-lincarico-di-formare-il-nuovo-governo-la-diretta/, *Open online*. Pubblicato il 29/09/2019. Web. Ultima consultazione: il 04/04/2020.

indicati quei nobili o figli di cavalieri che ancora non erano stati armati come tali: nel tardo Medioevo, a seconda delle zone, quello di scudiero divenne un vero e proprio rango distinto nella società nobiliare, e potevano esistere vari scudieri e di diverso "livello".

Lo *scudiero* è divenuto un aiutante o uno spalleggiatore: già nel ciclismo, benché ormai in disuso, con tale parola s'indicava come scudiero un gregario[109]. Tuttavia, anche questo termine può assumere carattere dispregiativo a seconda del contesto: Laura Boldrini, già presidente della Camera dei Deputati, criticò l'atteggiamento di Matteo Salvini all'interno dell'Unione Europea, ritenendo inadeguato l'incontro dell'allora Ministro dell'interno con il leader ungherese Viktor Mihály Orbán, in quanto «portatore di una visione illiberale e anti-italiana», accusando Luigi Di Maio di fargli «da scudiero» in una situazione di evidente difficoltà politica[110].

Il concetto di *cavaliere* e di *cavalleria*, invece, che oggi indica un individuo o un atto che richiamano alti valori morali, nel corso del Medioevo conobbe un certo sviluppo intorno al X secolo, e riguardava quei contadini che, in qualità di uomini liberi e possessori della propria terra, e ancora abili all'uso delle armi, riuscivano a divenire vassalli di un signore. Chiamati nelle fonti latine *milites*, è nelle lingue volgari che si attesta il termine *cavalleria*: nel corso dei secoli i signori cominciarono infatti a donare loro stessi armi e cavalli a coloro che, in qualità di fedeli servitori, erano ritenuti idonei a combattere. Tale passaggio avveniva con l'*addobbamento*, una pratica pubblica, inizialmente di semplice dono delle armi stesse. Nel corso dei secoli si venne delineando una concezione, anche giuridica, secondo cui il cavaliere era un personaggio di rango superiore, e che sarebbe stato opportuna la nomina di nuovi cavalieri all'interno di famiglie in cui ve n'erano già stati designati. Tuttavia i valori della *cavalleria*, così

---

[109] Cfr. *Vocabolario*, v. "Scudièro o scudière, scudièri", 3, p. 1651.
[110] Picariello Angelo, *Laura Boldrini. «Lo slogan è diventato "prima gli ungheresi"»*, https://www.avvenire.it/attualita/pagine/lo-slogan-diventato-prima-gli-ungheresi-contro-i-sovranisti-lista-unita, *Avvenire*. Pubblicato il 28/08/2018. Web. Ultima consultazione: il 04/04/2020.

come sono arrivati, furono un bel cruccio, soprattutto per la Chiesa, che cercò di incanalare la violenza dei signori e dei cavalieri, trasformandola in un principio di difesa verso i poveri, le vedove, gli orfani, i regnanti e la religione cristiana. Solo con la poesia e la letteratura volgare si formano i principi del cavaliere indomito, che combatte con coraggio e lealtà per difendere i più deboli e la propria dama, questione all'origine dell'amor cortese, nonché alla nascita di personaggi come Lancillotto e Perceval alla ricerca di sacre reliquie come il Santo Graal[111].

Corvée

Una menzione a parte merita il termine *corvée*, l'opera richiesta ai contadini da parte di un signore, e che richiama il complesso sistema curtense. Il termine proviene da *corrogata [opera]*: quando il contadino riceveva terra da coltivare, il padrone pretendeva – e obbligava – l'esecuzione di prestazioni d'opera. Nel tempo la corvée mutò la sua natura, anche in base al territorio, ma non la sua essenza che, oggi, è rimasta nel gergo mediatico come sinonimo di angheria, vessazione o lavoro ingrato e gravoso, abbinata spesso ad una subordinazione, come lo stesso rapporto tra signore e vassalli, soprattutto nell'ambito dell'istruzione.

E così, è considerata una corvée la "cortesia" (non prevista dalle normative) dei ricercatori di insegnare al posto dei docenti universitari in cambio di una promessa di carriera[112], così come "l'obbligo" di pulire i locali scolastici ogni mattina da parte degli studenti, decisione drastica del preside della scuola media "Giuseppe Risso" di Celle Ligure (SV) che suscitò, nel 2010, non

---

[111] V. nota 97.

[112] Smargiassi Michele, *La Marzano e il vassallaggio universitario. "E se i professori andassero a far lezione?"*, https://bologna.repubblica.it/cronaca/2010/09/16/news/la_marzano_e_il_vassal laggio_universitario_e_se_i_professori_andassero_a_far_lezione_-7123149, *La Repubblica - Bologna*. Pubblicato il 16/09/2010. Web. Ultima consultazione: il 10/04/2020. La corvée è anche in ambito militare un lavoro gravoso assegnato ad una determinata squadra di soldati; cfr. *Lo Zingarelli 2021*, termine "corvée (2)", pag. 581.

poche lamentele da parte dei genitori[113]; è considerata inoltre una "corvée del docente" una serie di scelte che avrebbero dovuto essere approvate nella Legge di Stabilità 2012, tra cui l'aumento delle ore di lezione frontale dei docenti scolastici, senza alcun riconoscimento della carriera[114]. Non sfugge a questo abbinamento la formula del Reddito di cittadinanza, «"ti do un reddito e in cambio dai al tuo sindaco ogni settimana otto ore lavorative gratuite di pubblica utilità"», che richiamerebbe «rapporti di lavoro medioevali»[115]; infine, è un termine che può indicare semplicemente un "lavoro pesante", come spalare la neve in un centro abitato[116].

Una società… neofeudale

Sempre più spesso appare sui media – e non solo - l'uso dell'espressione *Neofeudalesimo* per indicare una tendenza o una situazione, presunta o di fatto, economica o gestionale negativa della società: l'eccesso di burocrazia, il conflitto di poteri e la povertà dilagante sono visti come la rappresentazione di un malgoverno, politico o economico, che effettua determinate scelte

---

[113] Vaccaro Giovanni, *Studenti di corvée a pulire i bagni*, https://www.ilsecoloxix.it/savona/2010/11/23/news/studenti-di-corvee-a-pulire-i-bagni-1.33061788, *Il Secolo XIX*. Pubblicato il 23/11/2010. Web. Ultima consultazione: il 10/04/2020.

[114] Foschi Fabrizio, *Senza più la scusa della "corveé del docente", i sindacati della scuola sono rimasti col cerino in mano*, https://www.tempi.it/senza-piu-la-scusa-della-corvee-del-docente-i-sindacati-della-scuola-sono-rimasti-col-cerino-in-mano, *Tempi*. Pubblicato il 13/11/2012. Web. Ultima consultazione: il 10/04/2020.

[115] Cfr. *Le bufale di Di Maio, dal "reddito di cittadinanza" alla corvée medievale*, https://contropiano.org/news/politica-news/2018/06/23/le-bufale-di-di-maio-dal-reddito-di-cittadinanza-alla-corvee-medievale-0105256, *Contropiano, giornale comunista online*. Pubblicato il 23/06/2018. Web. Ultima consultazione: il 10/04/2020.

[116] Mano Alessandro, *La corvée per pulire Aosta dalla neve è un flop, il gruppo Facebook spala solo a parole*, https://www.lastampa.it/aosta/2017/12/19/news/la-corvee-per-pulire-aosta-dalla-neve-e-un-flop-il-gruppo-facebook-spala-solo-a-parole-1.34085005, *La Stampa*. Pubblicato il 19/12/2017. Web. Ultima consultazione: il 10/04/2020.

per il controllo del popolo o per incapacità della classe dirigente, sviluppo del concetto di *Feudalesimo* che, nel corso dei secoli, ha prestato più volte il fianco ad interpretazioni e rivisitazioni.

Senza scendere in particolarismi, partiamo dallo scoppio della Rivoluzione francese (1789): i redattori del *Rapport fait au nom du Comité des droits féodaux le 4 septembre 1789* ci informano che, nell'epoca rivoluzionaria, persisteva la concezione di "feudo" e di "diritto feudale", intesi come "bannalità", ovvero il corrispondere un pagamento al signore per l'uso di un mulino, ad esempio. Il feudalesimo, pur con svariate modifiche, era sopravvissuto nei secoli: già quasi mezzo secolo prima della Rivoluzione, Montesquieu (*L'esprit des lois*) lo definì «un deleterio sistema che prevedeva specie diverse di signoria (...) su una stessa cosa o sulle stesse persone»[117]. Furono poi Voltaire e Vico ad interessarsi all'argomento: per il primo il feudalesimo rappresentava il sistema di qualunque società armata che, vincendo militarmente, sottoponeva un'altra all'aristocrazia guerriera; per il secondo una fase necessaria nello sviluppo della società, seppur negativo. Permaneva l'idea della "piramide feudale", che torna anche oggi nei *media*.

Sarà tuttavia Marx ad individuare nel feudalesimo un «tipo di organizzazione fondiaria e un sistema di rapporti di produzione»[118], una fase precedente al capitalismo in cui vige lo sfruttamento economico della forza lavoro, i contadini.

Non è la sede per indicare i passaggi che la successiva storiografia e gli studi sull'argomento, con fasi alterne, hanno proposto sulla questione, nel tentativo di eliminare la "piramide feudale" e le concezioni sette-ottocentesche.

Concezioni che permangono tuttavia in senso negativo nel linguaggio mediatico principalmente in merito alla trattazione di questi due gruppi di elementi, ovvero l'organizzazione dello Stato e del suo complesso giuridico e burocratico, e la riorganizzazione del lavoro, il rapporto dipendente-datore di lavoro (pubblico o

---

[117] Cfr. Sergi Giuseppe, *L'idea di Medioevo*, p. 29.
[118] Cfr. Sergi Giuseppe, *L'idea di Medioevo*, p. 30; cfr Vitolo, *Op. cit.*, p. XXIII.

privato) e le nuove forme di contrattazione. Vediamo alcuni esempi.

Affrontando il problema della riforma costituzionale sul numero dei parlamentari, secondo Guido Pescosolido, che scrive dalle pagine del sito www.ilfoglio.it, gli italiani sarebbero ingabbiati «in un nuovo feudalesimo istituzionale, fatto di anarchismo e confusione di funzioni e competenze tra stato, regioni, poteri locali, che hanno ricreato in forma aggiornata, tutto il groviglio di prevaricazioni e soprusi del feudalesimo classico», ribadendo come la riforma fosse «di importanza cruciale perché tocca nervi scopertissimi del corpaccio parassitario e neo-feudale che affligge la storia politica, sociale ed economica del nostro paese»[119].

In un articolo pubblicato sulle pagine on line di *Avvenire*, Giuseppe Savagnone scrive della situazione della mafia all'indomani della morte del boss Salvatore Riina detto Totò. Le organizzazioni di stampo mafioso continuerebbero a mantenere il controllo delle zone di competenza, nonostante una presunta crisi segnalata da alcuni specialisti: la mafia riuscirebbe a condizionare la produzione legislativa, operando in una presunta legalità. E il regime di autonomia regionale pare favorisca questa tendenza. Il pericolo è che tutta l'Italia rischi di divenire feudo delle cosche, come denunciato in *Educare alla legalità*, testo pubblicato nel 1991 dalla CEI[120], e riportato da Savagnone, in cui «i vescovi denunziavano il pericolo di un "neofeudalesimo, in cui

---

[119] Cfr. Pescosolido Guido, *C'è un quid rivoluzionario nella riforma, antidoto al nostro neofeudalesimo*,
https://www.ilfoglio.it/politica/2016/12/04/news/referendum-costituzionale-neofeudalesimo-108820/, *Il Foglio Quotidiano*. Pubblicato il 04/12/2016. Web. Ultima consultazione: il 04/04/2020.

[120] È possibile consultare il testo completo della nota pastorale sul sito del settimanale Toscana Oggi: *Educare alla legalità. Il testo integrale della Nota pastorale della Commissione ecclesiale Giustizia e Pace «Educare alla legalità», pubblicato il 4 ottobre 1991,*
https://www.toscanaoggi.it/Documenti/Chiesa-italiana/Educare-alla-legalita, *Toscana Oggi*, pubblicato in data 01/10/2005. Web. Ultima consultazione: il 04/04/2020.

corporazioni e lobby manovrano la vita pubblica, influenzano il contenuto stesso delle leggi, decise a ritagliare per il proprio tornaconto un sempre maggiore spazio di privilegio" (n.7). Questo pericolo in Sicilia è reso particolarmente drammatico dal fatto che il regime dell'Autonomia regionale favorisce quel neo-feudalesimo e consente (…) operazioni spregiudicate a esso funzionali»[121].

È quindi l'amministrazione del potere e i problemi con altri interessi correlati e subordinati a richiamare un concetto stravolto di feudalesimo. Anche ad alti livelli politici ed economici.

Franco Debenedetti scrive dalle pagine on line dell'Huffington Post che «siamo entrati nel feudalesimo economico» per una controversa gestione dell'accordo che avrebbe dovuto esserci, nell'estate 2020, tra Tim e Fastweb per fondare Fibercop e portare così la banda larga entro il 2025 ad almeno il 56% delle abitazioni. Nell'accordo si sarebbe dovuto inserire il fondo statunitense KKR, acquistando il 37,5% delle quote, lasciando a Tim il 58% e a Fastweb il 4,5%. La critica colpisce i ministri Roberto Gualtieri e Stefano Patuanelli che, in qualità di rappresentanti di uno Stato che agisce come un "sovrano medievale" «dispone degli asset di una società privata come meglio crede, se del caso espropriando, designando il nuovo proprietario (pubblico), riservandosi il diritto di approvare i soci che questi sceglierà», chiedendo a Tim la sospensione dell'accordo con il fondo KKR: «si segnala che il vassallo deve non solo rispettare la volontà del feudatario, ma attendere finché questi abbia avuto il tempo per formare la sua volontà: una sorta di jus primae noctis societario»[122].

---

[121] Savagnone Giuseppe, *Il cuore della sfida (non solo) in Sicilia. Contro la mafiosità del neo-feudalesimo*, https://www.avvenire.it/opinioni/pagine/il-boss-noi-e-i-destini-ultimi, *Avvenire*. Pubblicato il 21/11/2017. Web. Ultima consultazione: il 04/04/2020.
[122] Debenedetti Franco, *Benvenuti nel feudalesimo economico. Su Tim una sorta di jus primae noctis societario*, https://www.huffingtonpost.it/entry/benvenuti-nel-feudalesimo-economico-su-tim-una-sorta-di-jus-primae-noctis-societario_it_5f2aefddc5b64d7a55eda5eb,

Il lavoro e il rapporto subordinato è comunque la linea di confine tra il capitalismo e il ritorno al feudalismo. Per il giornalista Giorgio Meletti il passo indietro dello Stato in materia di contrattazione e tutela del lavoro presta il fianco all'ingresso del nuovo feudalesimo, un mondo in cui il precariato – che lui chiama «della gleba»[123] - sta distruggendo la classe media e avrà pesanti ripercussioni nel prossimo futuro, paragonando il presente italiano con la situazione politica ed economica dell'XI secolo: «un papa tedesco (...) benedice il potere politico, che si inginocchia. La democrazia è un miraggio per i secoli venturi. Al Quirinale c'è un "re taumaturgo" con poteri miracolosi. Le sue massime più scontate vengono studiate da eserciti di teologi (i monaci costituzionalisti). Egli nomina il suo Richelieu e vassalli che portano il titolo di "ministro tecnico"», con elezioni e primarie simili piuttosto a «riti di preghiera rivolti al sovrano che decide, affidando il governo a chi non si è candidato» e un parlamento non eletto «ma nominato, come prima della rivoluzione industriale»[124]. Per Diego Fusaro, filosofo, viviamo un periodo di «rifeudalizzazione del rapporto sociale capitalistico», sviluppatosi dopo il 1989, « un "nuovo Medioevo"» in cui il «classismo presenta, in effetti, forti e inconfessabili analogie con la struttura feudale», a cominciare dal rapporto oppressivo verso i subordinati, «con il ritorno della corvée (stage, falso volontariato modello Expo di Milano, finti part time, ecc.) e con il riposizionamento del Servo in funzione di soggetto supplicante (...) e non rivendicativo e con

---

Huffington Post. Pubblicato il 05/08/2020. Web. Ultima consultazione: il 24/10/2020.

[123] La servitù della gleba è un concetto ormai desueto nel panorama storiografico, e deriva dall'*adscriptio glebae*, cioè "vincolo della terra", dal diritto romano, con cui si indicava una condizione di dipendenza ereditaria nei confronti di un signore. Questi servi – nell'alto Medioevo dei piccoli allodieri, dei coltivatori salariati oppure degli schiavi – dovevano varie prestazioni.

[124] Meletti Giorgio, *L'Italia si scopre in marcia verso il feudalesimo*, https://www.ilfattoquotidiano.it/2012/11/25/litalia-si-scopre-in-marcia-verso-feudalesimo/426094/, *Il Fatto Quotidiano*. Pubblicato il 25/11/2012. Web. Ultima consultazione: il 24/10/2020.

la ridefinizione del Signore come *dominus absolutus*, come feudatario svincolato e decisore autocratico»[125].

Nel libro *Democrazie robotizzate*, gli autori Luis Moreno e Raúl Jiménez analizzano il sistema delle relazioni sociali ed economiche in tutto il mondo dopo la recessione esplosa tra il 2007 e il 2008, prestando particolare attenzione a quanto accade tra le due rive dell'Atlantico, in Europa, con il caso dell'erogazione di misure quali in reddito di cittadinanza, e negli U.S.A., in cui permangono regimi definiti neo-feudali. Il processo di progressiva robotizzazione delle democrazie occidentali, che riguarderebbe una quarta rivoluzione tecnologica, porterà sì alla massimizzazione produttiva, ma porterà ad una grande perdita del lavoro salariato. Un nuovo feudalesimo, appunto[126].

È tuttavia sufficiente una ricerca sui *social network* per delineare questa tendenza. Utilizzando semplicemente la funzione di ricerca con gli *hashtag* su *Twitter*, cercando #neofeudalesimo, possiamo riscontrare varie associazioni, in senso negativo, con l'Euro e, più in generale, con l'Unione Europea o con la nostra politica: e così, «La sinistra è morta da un pezzo. Quelli che vediamo in Tv sono zombie. O ci tuteliamo da soli o il gioco finirà presto. #neofeudalesimo»[127]; «Arriveremo al punto in cui dovremo implorare le banche di farci coltivare i terreni che nel frattempo ci

---

[125] Fusaro Diego, *Neo-feudalesimo capitalistico*, Weblog Entry, Diego Fusaro Blog, pubblicato in data 08/10/2017. Web. Ultima consultazione: in data 04/04/2020, https://www.diegofusaro.com/neo-feudalesimo-capitalistico/?fbclid=IwAR0DeAZzTAtWKivDh9fBxQPzBu8uyIDISEw0_pY aEXhJvAIcc_8JDlByj1M.

[126] Cfr. Fernández Luis Moreno, Tellado Raul Jimenez, *Democrazie robotizzate. USA e UE. Neofeudalesimo e reddito di cittadinanza?* Milano, Aracne editore, dicembre 2018.

[127] D'Aloisio Mario (Mario_Daloisio), *La sinistra è morta da un pezzo. Quelli che vediamo in Tv sono zombie. O ci tuteliamo da soli o il gioco finirà presto. #neofeudalesimo*, pubblicato il 07/11/2013, 12:11 AM. Tweet.

avranno espropriato #neofeudalesimo»[128]; «L'€uro è una follia macroeconomica tale da distruggere la Società. Funziona alla perfezione #neofeudalesimo»[129]; «Ecco la vera natura dell'#UE: un sistema neo-feudale»[130].

---

[128] Carletti Martina (martinacarletti), *Arriveremo al punto in cui dovremo implorare le banche di farci coltivare i terreni che nel frattempo ci avranno espropriato #neofeudalesimo*, pubblicato il 06/07/2014, 6:38 PM. Tweet.

[129] Sala Marco (mgmand500), *L'€uro è una follia macroeconomica tale da distruggere la Società. Funziona alla perfezione #neofeudalesimo*, pubblicato il 21/02/2015, 11:35 PM. Tweet.

[130] Palma Giuseppe Avv. (GiuseppePalma78), *Ecco la vera natura dell'#UE: un sistema neo-feudale. Mio articolo https://scenarieconomici.it/ecco-la-vera-natura-dellue-un-sistema-neo-feudale-di-giuseppe-palma/ #Moscovici #leggedibilancio #Deficit #neofeudalesimo*, pubblicato il 14/12/2018, 8:50 PM. Tweet.

Considerazioni finali

Modificare l'opinione comune su cosa sia stato realmente il Medioevo rappresenta un'impresa culturale piuttosto complessa, come si può vedere dagli esempi citati in questo breve saggio. L'Età di mezzo continua ad esercitare sì un certo fascino, altrettanto quanto resta avvolta in quell'aura di fraintendimento che ormai da secoli aleggia intorno ai concetti presi in considerazione. Forse, anzitutto, come ebbe a scrivere Umberto Eco, bisognerebbe domandarsi «che cosa il Medioevo non è»[131], cioè un periodo complessivamente negativo. È un'epoca di cui, sebbene fatichiamo a riconoscerlo, siamo tutti figli ed eredi.

È inevitabile che molte preoccupazioni degli studiosi siano rivolte, in tal senso, all'aggiornamento dei programmi e dei testi scolastici: esiste un vero e proprio «"problema Medioevo" nella manualistica scolastica italiana. È il riflesso di un problema più ampio: il Medioevo è, anche nel discorso corrente, nella percezione pubblica, un luogo mentale popolato da stereotipi, capaci di resistere a iniziative numerose e ripetute, in sede di alta divulgazione e di ricerca didattica»[132].

---

[131] Eco Umberto, *Introduzione al Medioevo*, in Eco Umberto (a cura di), *Il Medioevo - Barbari, Cristiani, Musulmani*, Milano, Encyclomedia Publishers s.r.l., 2011, p. 11.

[132] Loré Vito e Rao Riccardo, *Medioevo da manuale. Una ricognizione della storia medievale nei manuali scolastici italiani*, Reti Medievali Rivista, 18(2), 305-340 (2017) www.retimedievali.it, https://doi.org/10.6092/1593-2214/5353. Nel file pdf estratto: pag. 2. Il problema è sollevato da numerosi esperti: si leggano anche Garofani Barbara, *Il Medioevo a scuola: un problema di luoghi comuni?* in *Medioevo e didattica - V Workshop nazionale*, Reti Medievali Rivista, Brescia, Università Cattolica del Sacro Cuore, 15/04/2005 (e bibliografia indicata) http://www.rm.unina.it/didattica/discussioni/workshop2005/garofani.htm, e Brusa Antonio, *Un Prontuario degli stereotipi sul Medioevo*, pubblicato in https://www.storiamedievale.net/pre-testi/stereotipi.htm, con riferimento all'opera *Cartable de Clio. Revue romande et tessinoise sur les didactiques de l'histoire*, n. 4 (2004), pp. 119-129, e numero 5/2004. *Storiamedievale.net.* Anno pubblicazione 2004-2006. Web. Ultima consultazione: il 24/10/2020.

Si potrebbe riflettere, quindi, sull'esistenza di una storia nella Storia: la prima falsificata dalle ideologie e dalle fantasie degli uomini, che mutano nel corso dei secoli, e in cui però andrebbero letti i significati e i motivi di tali mutamenti; e la seconda, quella autentica, in cui il Medioevo che emerge dai documenti è, per dirla con le parole di Luciano De Crescenzo, «un pezzo di storia affascinante che non si può fare a meno di conoscere»[133] in quanto è la base storica della nostra civiltà: dallo scontro tra le civiltà latina e germaniche (talmente orribile che ci ha lasciato il concetto negativo della *barbarie*[134] che ogni tanto si sente pronunciare o scrivere per definire una situazione senza regole e controllo), ha cominciato a trasformarsi l'assetto politico e territoriale che porterà, nel corso dei secoli successivi, all'Europa così come noi la conosciamo; è un periodo in cui sono nate grandi istituzioni che poi si sono perpetrate nel nostro tempo come le Università, perché le trasformazioni radicali che ci sono state a partire dall'interno della singola famiglia per arrivare ai grandi Stati hanno gettato le basi della nostra stessa vita quotidiana. Il lavoro degli storici, in questi ultimi decenni, sta ricostruendo proprio quest'altra faccia del periodo storico, quella del progresso e della scienza, quella dell'innovazione e dell'invenzione, che aspetti che riguardano ogni epoca storica

Perché, come scrive Giuseppe Sergi, in realtà «il Medioevo è l'età della sperimentazione politico-sociale: spregiudicata, senza

---

[133] De Crescenzo Luciano, *Storia della filosofia medievale*, I edizione "I Miti" 2003, Mondadori, pag. 12.

[134] Un'eventuale crisi profonda dell'Unione europea porterebbe uno scenario in cui prevarrebbero gli autoritarismi, considerati delle vere e proprie "barbarie": cfr. Smeriglio Massimiliano, *Senza l'Europa c'è la barbarie*, https://www.ilfoglio.it/esteri/2020/01/16/news/senza-l-europa-c-e-la-barbarie-296901, *Il Foglio Quotidiano*. Pubblicato il 16/01/2020. Web. Ultima consultazione: il 10/04/2020. Allo stesso modo si utilizza il termine "imbarbarimento" per indicare un peggioramento, soprattutto morale, della società o di una condizione umana: cfr. Zanotelli Alex, *L'ignavia è un crimine*, in *San Francesco, Periodico mensile della Custodia Generale del Sacro Convento dei Frati Minori Conventuali in Assisi*, Assisi (PG), numero 3, marzo 2020, pp. 13-14.

principi o meglio, con principi travisati, ma sempre esuberante[135]»,
e con quest'atteggiamento intellettuale deve essere studiata e
insegnata.

---

[135] Sergi Giuseppe, *Op. Cit.* pag. 74.

Bibliografia e letture consigliate

Risorse elettroniche, contributi firmati

Al-Badrānī Abdallah, *Questa guerra è crociata!*,
https://www.limesonline.com/cartaceo/questa-guerra-e-
crociata?prv=true&refresh_ce, 20/04/2004. *Limes, rivista di
geopolitica*. Web. Ultima consultazione: 08/04/2020.

Alberoni Francesco, *La fine del patriarcato e il nuovo ordine
necessario*, https://www.ilgiornale.it/news/cronache/fine-
patriarcato-e-nuovo-ordine-necessario-1474857.html, pubblicato
il 17/12/2017. *Il Giornale*. Web. Ultima consultazione: il
08/04/2020.

Alfieri Marco, *Grillo e l'ombra di Casaleggio il guru con il mito
di Re Artù*,
https://www.lastampa.it/politica/2012/05/26/news/grillo-e-l-
ombra-di-casaleggio-br-il-guru-con-il-mito-di-re-artu-
1.36481338, *La Stampa*. Pubblicato il 26/05/2012. Web. Ultima
consultazione: il 10/04/2020.

Baldin Maria Rosaria, *Posta 2019, ovvero viaggio nel moderno
medioevo 4.0*. Weblog Entry. Pubblicato il 15/02/2019. Web.
Ultima consultazione: il 15/04/2020. URL
https://labottegadellestorie.org/posta-2019-ovvero-viaggio-nel-
moderno-medioevo.

Barone Nicola, Nuti Vittorio, *Comunali: la Lega traina il
centrodestra, M5S in frenata anche a Roma. Brescia al
centrosinistra*, https://www.ilsole24ore.com/art/comunali-lega-
traina-centrodestra-m5s-frenata-anche-roma-brescia-
centrosinistra-AEq86t3E, *Il Sole 24 Ore*. Pubblicato l'11 giugno
2018. Web. Ultima consultazione: l'8/04/2020.

Bartoloni Marzio, *Il Papa ricorda ancora il «genocidio» armeno e la Turchia replica: «Mentalità da Crociate»*, https://st.ilsole24ore.com/art/mondo/2016-06-26/il-papa-ricorda-ancora-genocidio-armeno-e-turchia-replica-mentalita-crociate-153738.shtml?uuid=ADsNmYj, *Il Sole 24 Ore*, del 26/06/2016. Web. Ultima consultazione: il 28/03/2020.

Bellavia Enrico, *Scudo crociato il segreto del successo Dc*, https://ricerca.repubblica.it/repubblica/archivio/repubblica/2014/07/26/scudo-crociato-il-segreto-del-successo-dc46.html, articolo del 26/07/2014. Web. Ultima consultazione: il 24/10/2020.

Biloslano Fausto, *Al Quaida rivendica: «puniti crociati e sionisti». Attentati di Sharm el-Sheikh rivendicati dalle Brigate Abdullah Azzam*, dal quotidiano *Il Giornale* del 24/07/2005. Web. Ultima consultazione: 08/04/2020.

Boeri Tito, *La leggenda della Robin tax*, https://www.repubblica.it/2008/06/sezioni/economia/conti-pubblici-72/leggenda/leggenda.html, *La Repubblica*. Pubblicato il 21/06/2008. Web. Ultima consultazione: il 07/04/2020.

Bogliolo Laura, *Violenza donne, in ricordo di Nicole Lelli: «Cambio culturale contro i femminicidi»*, https://www.ilmessaggero.it/mind_the_gap/violenza_donne_roma_nicole_lelli-4879782.html, *Il Messaggero*. Pubblicato il 22/11/2019. Web. Ultima consultazione: il 08/04/2020.

Breda Marzio, *Governo, l'extrema ratio di Mattarella: «Tutti i partiti insieme»*, https://www.corriere.it/elezioni-2018/notizie/extrema-ratio-quirinale-governo-tutti-partiti-insieme-2214ecd4-2189-11e8-a661-74ccbd41f00f.shtml, *Il Corriere della Sera*. Pubblicato il 07/03/2018. Web. Ultima consultazione: il 06/04/2020.

Brusa Antonio, Un Prontuario degli stereotipi sul Medioevo, pubblicato in https://www.storiamedievale.net/pre-

testi/stereotipi.htm, con riferimento all'opera *Cartable de Clio.
Revue romande et tessinoise sur les didactiques de l'histoire*, n. 4
(2004), pp. 119-129, e numero 5/2004. Storiamedievale.net. Anno
pubblicazione 2004-2006. Web. Ultima consultazione: il
24/10/2020.

Carletti Martina (martinacarletti), *Arriveremo al punto in cui
dovremo implorare le banche di farci coltivare i terreni che nel
frattempo ci avranno espropriato #neofeudalesimo*, pubblicato il
06/07/2014, 6:38 PM. Tweet.

Centioni Alessia, *Dividersi è il regalo che noi donne non
possiamo fare al patriarcato*,
https://www.huffingtonpost.it/entry/dividersi-e-il-regalo-che-noi-
donne-non-possiamo-fare-al-
patriarcato_it_5e3bd5b7c5b6f1f57f0b6982, *Huffington Post*,
pubblicato il 07/02/2020. Web. Ultima consultazione: il
08/04/2020.

Cerami Gabriella, *Il nuovo pasticcio delle regionarie siciliane
rischia di rovinare l'investitura a premier di Luigi Di Maio*,
https://www.huffingtonpost.it/2017/09/12/il-nuovo-pasticcio-
delle-regionarie-siciliane-rischia-di-rovinare-linvestitura-a-
premier-di-luigi-di-maio_a_23205716/, *Huffington Post*.
Pubblicato il 12/09/2017. Web. Ultima consultazione: il
04/04/2020.

Cesaretti Laura, *Renzi scopre le sue carte: "Ecco di chi mi fido
davvero"*, https://www.ilgiornale.it/news/politica/berlusconi-e-
salvini-c-abisso-e-cav-ha-casa-politica-1741018.html, *Il
Giornale*, pubblicato il 18/08/2019. Web. Ultima consultazione: il
04/04/2020.

D'Aloisio Mario (Mario_Daloisio), *La sinistra è morta da un
pezzo. Quelli che vediamo in Tv sono zombie. O ci tuteliamo da
soli o il gioco finirà presto. #neofeudalesimo*, pubblicato il
07/11/2013, 12:11 AM. Tweet.

Debenedetti Franco, *Benvenuti nel feudalesimo economico. Su Tim una sorta di jus primae noctis societario*, https://www.huffingtonpost.it/entry/benvenuti-nel-feudalesimo-economico-su-tim-una-sorta-di-jus-primae-noctis-societario_it_5f2aefddc5b64d7a55eda5eb, *Huffington Post*. Pubblicato il 05/08/2020. Web. Ultima consultazione: il 24/10/2020.

De Benedetti Laura, *Medioevo 2.0*, https://www.quotidiano.net/blog/debenedetti/medioevo-2-0-110.66, *Quotidiano.net*. Pubblicato l'8 febbraio 2015. Web. Ultima consultazione: il 08/04/2020.

De Dominis Elisabetta, *Il sovranista non sovrano e gli ignobili cavalieri della tavola italiana*, https://www.lavocedinewyork.com/news/politica/2019/06/07/il-sovranista-non-sovrano-e-gli-ignobili-cavalieri-della-tavola-italiana, *La Voce di New York.com*, VNY Media / La VOCE di New York. Pubblicato il 07/06/2019. Web. Ultima consultazione: il 10/04/2020.

De Fazio Bianca, *La crociata della preside Rosauro: "No al rapper sessista a Sanremo"*, https://ricerca.repubblica.it/repubblica/archivio/repubblica/2020/01/21/la-crociata-della-preside-rosauro-no-al-rapper-sessista-a-sanremoNapoli04.html?ref=search, 21/01/2020. *La Repubblica*. Web. Ultima consultazione: 10/04/2020.

De Francesco Gian Maria, Bankitalia vede un 2009 da incubo. Tremonti: «Ma non sarà il Medioevo», tratto da http://www.ilgiornale.it/a.pic1?ID=321261, *Il Giornale*. pubblicato il 16/01/2009. Web. Ultima consultazione: il 05/04/2020.

De Gregorio Concita, *La gogna di Genova per gli aborti proibiti*, https://www.repubblica.it/2008/03/sezioni/cronaca/ginecologo-suicida/gogna-genova/gogna-genova.html, *La Repubblica*, 16/03/2008. Web. Ultima consultazione: il 06/04/2020.

De Martin Juan Carlos, *La spinta a una Magna Charta collaborativa e inclusiva*, https://st.ilsole24ore.com/art/tecnologie/2014-10-13/la-spinta-una-magna-charta-collaborativa-e-inclusiva--154019.shtml?uuid=ABD2Ck2B, *Il Sole 24 ore*. Pubblicato il 13/10/2014. Web. Ultima consultazione: il 06/04/2020.

Del Vigo Francesco Maria, *Attenti al Grillo. Il futuro a 5 stelle è un Medioevo povero e gelido*, pubblicato su https://www.ilgiornale.it/news/cronache/attenti-grillo-futuro-5-stelle-medioevo-povero-e-gelido-1426397.html, *Il Giornale*. Pubblicato il 31/07/2017. Web. Ultima consultazione: il 05/04/2020.

Farina Renato, *"Il Crocifisso roba da Medioevo". Così abbiamo già perso*, http://www.ilgiornale.it/news/politica/crocifisso-roba-medioevo-cos-abbiamo-gi-perso-1195134.html, *Il Giornale*. Pubblicato il 17/11/2015. Web. Ultima consultazione: il 05/04/2020.

Fazzino Elysa, *Krugman sul Nyt: Europa salassata, roba da Medioevo. L'austerità non funziona e l'Italia di Monti lo dimostra*, https://st.ilsole24ore.com/art/notizie/2012-12-12/krugman-europa-salassataroba-medioevo-140350.shtml?uuid=AbTIaNBH&refresh_ce=1, *Il Sole 24 ore*. Pubblicato il 12/12/2012. Web. Ultima consultazione: il 05/04/2020.

Fedi Roberto, *Medioevo Mediatico*, Firenze University Press, http://drammaturgia.fupress.net/recensioni/recensione1.php?id=2705, pubblicato il 06/10/2005. Web. Ultima consultazione: il 26/09/2020.

Ferrari Maurizio, *È morto Hilary Putnam, "patriarca" della filosofia*, https://www.repubblica.it/cultura/2016/03/14/news/morte_putnam -135469646/ *La Repubblica*. Pubblicato il 14/03/2016. Web. Ultima consultazione: il 08/04/2020.

Foschi Fabrizio, *Senza più la scusa della "corveé del docente", i sindacati della scuola sono rimasti col cerino in mano*, https://www.tempi.it/senza-piu-la-scusa-della-corvee-del-docente- i-sindacati-della-scuola-sono-rimasti-col-cerino-in-mano, *Tempi*. Pubblicato il 13/11/2012. Web. Ultima consultazione: il 10/04/2020.

Florio Felice, *Conte ha accettato con riserva l'incarico di Mattarella di formare un nuovo governo – Il video*, https://www.open.online/2019/08/29/conte-al-quirinale- mattarella-gli-conferisce-lincarico-di-formare-il-nuovo-governo- la-diretta/, Open.online. Pubblicato il 29/09/2019. Web. Ultima consultazione: il 04/04/2020.

Fusaro Diego, Neo-feudalesimo capitalistico, Weblog Entry, Diego Fusaro Blog, pubblicato in data 08/10/2017. Web. Ultima consultazione: in data 04/04/2020, https://www.diegofusaro.com/neo-feudalesimo- capitalistico/?fbclid=IwAR0DeAZzTAtWKivDh9fBxQPzBu8uyI DISEw0_pYaEXhJvAIcc_8JDlByj1M.

Galici Francesca, *Fedez zittisce Heather Parisi: "Tu che m... stai facendo?"*, https://www.ilgiornale.it/news/spettacoli/fedez- risponde-heather-parisi-e-spegne-polemica-tu-che-m- 1838855.html, Il Giornale. Pubblicato il 10/03/2020. Web. Ultima consultazione: il 10/04/2020.

Gallori Paolo, *Donald Trump ha giurato da presidente degli Usa. "Con me potere torna al popolo". Firmato decreto per ridurre Obamacare*,

https://www.repubblica.it/esteri/2017/01/20/news/inauguration_d
ay_e_il_giorno_di_trump_manifestazioni_e_proteste_a_washingt
on_e_new_tork-156445231/, *La Repubblica.* Pubblicato il:
20/01/2017. Web. Ultima consultazione: il 04/04/2020.

Giamblanco Francesco, *Molestie sessuali e social Inquisizione,*
weblog entry, http://www.xn--sequestounblog-
2jb.it/blog/molestie-sessuali-social-inquisizione/, *Se questo è un
blog,* pubblicato il 04/11/2017. Web. Ultima consultazione: il
08/04/2020.

Giannini Chiara, *Rossi strabico cerca razzisti solo a destra,*
https://www.ilgiornale.it/news/politica/rossi-strabico-cerca-
razzisti-solo-destra-1816980.html, *Il Giornale.* Pubblicato il
26/01/2020. Web. Ultima consultazione: il 28/03/2020.

Giannini Massimo, *Il Miraggio di Sherwood,*
http://www.repubblica.it/2008/06/sezioni/economia/tremonti-
robin-tax/il-miraggio-sherwood/il-miraggio-sherwood.html, *La
Repubblica.* Pubblicato il 09/07/2008. Web. Ultima
consultazione: il 07/04/2020.

Grotti Leone, *Abusi, assolto il cardinale George Pell. La «caccia
alle streghe» è finita,* https://www.tempi.it/abusi-george-pell-
innocente-assolto-australia, *Tempi.* pubblicato il 07/04/2020.
Web. Ultima consultazione: il 08/04/2020.

Indelicato Mauro, *Le Ong non vogliono fermarsi: pronte a
portare altri migranti,*
https://www.ilgiornale.it/news/politica/sofferenze-dellitalia-ong-
non-valgono-niente-1844114.html, *Il Giornale.* Pubblicato il
21/03/2020. Web. Ultima consultazione: il 07/04/2020.

Intorcia Francesco Saverio, *È morto Gianni Mura, storica firma
di Repubblica,*
https://www.repubblica.it/cronaca/2020/03/21/news/e_morto_gia
nni_mura_storica_firma_di_repubblica-251861209/?ref=search,

del 21/03/2020. *La Repubblica*. Web. Ultima consultazione: 10/04/2020.

Jattoni Dall'Asén Massimiliano, *Anno nuovo, tasse nuove. Ecco le 5 nuove imposte che pagheremo nel 2020. Robin Tax*, https://www.corriere.it/economia/tasse/cards/anno-nuovo-tasse-nuove-ecco-5-nuove-imposte-che-pagheremo-2020/robin-tax.shtml, *Il Corriere della Sera*. Pubblicato il 15/12/2019. Web. Ultima consultazione: il 07/04/2020.

Lavazza Andrea, *Trump, l'America e i grandi del mondo. Non si gioca col «mostro»*, https://www.avvenire.it/opinioni/pagine/non-si-gioca-col-mostro, *Avvenire*. Data di pubblicazione: 27/05/2016. Web. Data di consultazione: 04/04/2020.

Mano Alessandro, *La corvée per pulire Aosta dalla neve è un flop, il gruppo Facebook spala solo a parole*, https://www.lastampa.it/aosta/2017/12/19/news/la-corvee-per-pulire-aosta-dalla-neve-e-un-flop-il-gruppo-facebook-spala-solo-a-parole-1.34085005. *La Stampa*. Pubblicato il 19/12/2017. Web. Ultima consultazione: il 10/04/2020.

Marra Wanda, *Dio, Verona e famiglia. È qui la roccaforte del Medioevo futuro*, https://www.ilfattoquotidiano.it/in-edicola/articoli/2018/10/11/dio-verona-e-famiglia-e-qui-la-roccaforte-del-medioevo-futuro/4684646. *Il Fatto Quotidiano*. pubblicato l'11/10/2018. Web. Ultima consultazione: 06/04/2020.

Medetti Stefania, *Legge 194 sull'aborto: perché è in discussione e perché è importante difenderla*, tratto da https://d.repubblica.it/life/2018/11/30/news/legge_194_aborto_verona_proteste_femministe_non_una_di_meno_verona_provita-4209435/, *La Repubblica*. Pubblicato il 30/11/2018. Web. Ultima consultazione: il 08/04/2020.

Meletti Giorgio, *L'Italia si scopre in marcia verso il feudalesimo*, https://www.ilfattoquotidiano.it/2012/11/25/litalia-si-scopre-in-marcia-verso-feudalesimo/426094/, *Il Fatto Quotidiano*. Pubblicato il 25/11/2012. Web. Ultima consultazione: il 24/10/2020.

Melissari Laura, *Che cos'è il raduno di Pontida della Lega e qual è la simbologia che c'è dietro*, https://www.tpi.it/politica/raduno-di-pontida-lega-cosa-e-20190915447286/, *The Post Internazionale (TPI)*, Pubblicato il 15/09/2019, aggiornato il 10/01/2020. Web. Ultima consultazione: 06/04/2020.

Montesano Marina, *Medioevo e medievalismo tra Europa e America. L'attualità di un dibattito antico*, in *Materialismo Storico*, n° 1-2/2016 (vol. I), Rivista semestrale di filosofia, storia e scienze umane, Università di Urbino con il patrocinio della Internationale Gesellschaft Hegel-Marx, http://ojs.uniurb.it/index.php/materialismostorico/article/downloa d/611/562. Web. Ultima consultazione: il 04/04/2020.

Nicolais Michela, *Christus vivit: card. Baldisseri, sarà la "magna charta" della pastorale giovanile e vocazionale*, https://www.agensir.it/quotidiano/2019/4/2/christus-vivit-card-baldisseri-sara-la-magna-charta-della-pastorale-giovanile-e-vocazionale/, *Agenzia S.I.R*, pubblicato il 02/04/2019. Web. Ultima consultazione: il 06/04/2020.

Paciello Luca, *Medioevo 4.0: il sodalizio tra estrema destra e ultracattolici all'attacco dei diritti delle donne*, pubblicato il 06 novembre 2018 sul sito https://altraideadicitta.it, pagina ufficiale di *Altra Idea di Città*, movimento politico locale che raccoglie le varie anime della sinistra anconetana: https://altraideadicitta.it/medioevo-4-0-il-sodalizio-tra-estrema-destra-e-ultracattolici-allattacco-dei-diritti-delle-donne. Web. Ultima consultazione: 06/04/2020.

Palma Giuseppe Avv. (GiuseppePalma78), *Ecco la vera natura dell'#UE: un sistema neo-feudale. Mio articolo https://scenarieconomici.it/ecco-la-vera-natura-dellue-un-sistema-neo-feudale-di-giuseppe-palma/* #*Moscovici* #*leggedibilancio* #*Deficit* #*neofeudalesimo,* pubblicato il 14/12/2018, 8:50 PM. Tweet.

Panico Patrizia, *Via Orefice e via del Verde, lavori fermi: "Situazione da Medioevo nella zona rossa",* http://old.laprovinciaonline.info/spip.php?article8850, *La provincia online.info - Periodico di informazione, Politica, Cronaca e Cultura della Provincia di Napoli,* pubblicato il 28/10/2012. Web. Ultima consultazione: il 05/04/2020

Parisi Heather (heater_parisi), *Non era meglio promuovere la raccolta fondi per l'emergenza del #COVID2019 a favore della sanità pubblica e degli ospedali che davvero ne hanno bisogno invece che a favore del più grande gruppo di sanità privata d'Italia (GSD)? Mi sembra Robin Hood al contrario. #coronavirus,* pubblicato il 10/03/2020, 2.23 PM. Tweet

Parodi Massimo, *L'asino di Buridano,* http://www.reset.it/blog/roba-da-Medioevo, *Reset Dialogues on Civilizations,* ResetDOC Europe, pubblicato il 12/11/2012. Web. Ultima consultazione: il 05/04/2020.

Pescosolido Guido, *C'è un quid rivoluzionario nella riforma, antidoto al nostro neofeudalesimo,* https://www.ilfoglio.it/politica/2016/12/04/news/referendum-costituzionale-neofeudalesimo-108820/, *Il Foglio Quotidiano.* Pubblicato il 04/12/2016. Web. Ultima consultazione: il 04/04/2020.

Pellegrino Roberto, *Il Robin Hood di Siviglia che fa tremare i giganti,* https://www.ilgiornale.it/news/robin-hood-siviglia-che-fa-tremare-i-giganti-1823830.html, *Il Giornale.* Pubblicato il 09/02/2020. Web. Ultima consultazione: il 07/04/2020

Pezzi Maria, *Dopo il voto, il caos: alta tensione al Quirinale. Retroscena: la più grande paura di Mattarella*, https://www.liberoquotidiano.it/news/politica/13466377/retroscen a-alta-tensione-quirinale-dopo-voto-il-caos.html, *Liberoquotidiano.it*, Pubblicato il 26/05/2019. Web. Ultima consultazione: il 10/04/2020.

Platero Mario, *Le crociate sbagliate contro il cibo made in Italy*, https://st.ilsole24ore.com/art/notizie/2014-05-17/le-crociate-sbagliate-contro-cibo-made-italy-081056.shtml?uuid=ABszPyIB&p=2, del 17/05/2014. *Il Sole 24 Ore*. Web. Ultima consultazione: 10/04/2020.

Puricella Anna, *"Avete l'Aids, qui non potete più entrare": spiaggia nel Barese rifiuta 13 persone malate*, https://bari.repubblica.it/cronaca/2019/07/08/news/mare_negato_malati_aids_bari-230704755/. *La Repubblica - Bari*. Web. Ultima consultazione: il 06/04/2020.

Rendina Federico, *Robin tax: Ires sui petrolieri al 33%*, http://www.ilsole24ore.com/art/SoleOnLine4/Economia%20e%20Lavoro/2008/06/robin-tax-ires-33.shtml?uuid=c9a2770e-3dc9-11dd-862f-00000e251029&type=Libero, *Il Sole 24 Ore*. Pubblicato il 19/06/2008. Web. Ultima consultazione: il 07/04/2020.

Repetti Manuela, *La caccia alle streghe o agli stregoni continua*, https://www.huffingtonpost.it/manuela-repetti/la-caccia-alle-streghe-o-agli-stregoni-continua_a_23277999, Huffington Post. Pubblicato il 15/11/2017. Web. Ultima consultazione: il 08/04/2020.

Robecco Valeria, *Robin Hood de Blasio punta alla Casa Bianca*, https://www.ilgiornale.it/news/politica/robin-hood-de-blasio-punta-casa-bianca-1696080.html, *Il Giornale*. Pubblicato il 17/05/2019. Web. Ultima consultazione: il 07/04/2020.

Rombolà Carlo, *La Magna Charta del Web: l'Italia traccia la strada*, https://www.altalex.com/documents/news/2014/10/16/la-magna-charta-del-web-l-italia-traccia-la-strada, *Altalex - Quotidiano di informazione giuridica*. Pubblicato il 16/10/2014. Web. Ultima consultazione: il 06/04/2020.

Sala Marco (mgmand500), *L'€uro è una follia macroeconomica tale da distruggere la Società. Funziona alla perfezione #neofeudalesimo*, pubblicato il 21/02/2015, 11:35 PM. Tweet

Santarpia Valentina, Governo, *Conte rinuncia. Mattarella: «Sui ministri non posso subire imposizioni», e convoca Cottarelli*, https://www.corriere.it/politica/18_maggio_27/governo-conte-19-colle-b0b7025e-61b9-11e8-83c2-c2f27971c337.shtml, *Corriere della Sera*. Pubblicato il 27/05/2018. Web. Ultima consultazione: il 10/04/2020.

Savagnone Giuseppe, *Il cuore della sfida (non solo) in Sicilia. Contro la mafiosità del neo-feudalesimo*, https://www.avvenire.it/opinioni/pagine/il-boss-noi-e-i-destini-ultimi, *Avvenire*. Pubblicato il 21/11/2017. Web. Ultima consultazione: il 04/04/2020.

Scienza Beppe, *Robin Hood al contrario*, https://www.ilfattoquotidiano.it/2010/08/12/robin-hood-al-contrario/49848. *Il Fatto Quotidiano*. Pubblicato il 12/08/2010. Web. Ultima consultazione: il 10/04/2020.

Smargiassi Michele, *La Marzano e il vassallaggio universitario. "E se i professori andassero a far lezione?"*, https://bologna.repubblica.it/cronaca/2010/09/16/news/la_marzano_e_il_vassallaggio_universitario_e_se_i_professori_andassero_a_far_lezione_-7123149, La Repubblica - Bologna. Pubblicato il 16/09/2010. Web. Ultima consultazione: il 10/04/2020.

Smeriglio Massimiliano, *Senza l'Europa c'è la barbarie*, https://www.ilfoglio.it/esteri/2020/01/16/news/senza-l-europa-ce-la-barbarie-296901, *Il Foglio Quotidiano*. Pubblicato il 16/01/2020. Web. Ultima consultazione: il 10/04/2020.

Stoppele Luca, *"Verona torna al Medioevo". Le polemiche travolgono la mozione anti-aborto*, tratto da *Veronasera*, supplemento al plurisettimanale telematico *IlPiacenza*, pubblicato il 05/10/2018. Web. Ultima consultazione: il 08/04/2020.

Valentino Paolo, *La sfida di McCain, eretico e bipartisan: «Il cambiamento sono io, non Obama»*, https://www.corriere.it/esteri/08_settembre_05/mccain_conventio n_repubblicani_9c9629e0-7b09-11dd-9625-00144f02aabc.shtml, *Il Corriere della Sera*. Pubblicato il 05/09/2008. Web. Ultima consultazione: il 10/04/2020.

Viani Bruno, *Sampierdarena alla "crociata" delle campane: «Non le zittirete»*, https://www.ilsecoloxix.it/genova/2018/01/04/news/sampierdaren a-alla-crociata-delle-campane-non-le-zittirete-1.30372468, Il Secolo XIX, pubblicato il 03/01/2018. Web. Ultima consultazione: il 05/04/2020.

Vaccaro Giovanni, *Studenti di corvée a pulire i bagni*, https://www.ilsecoloxix.it/savona/2010/11/23/news/studenti-di-corvee-a-pulire-i-bagni-1.33061788, *Il Secolo XIX*. Pubblicato il 23/11/2010. Web. Ultima consultazione: il 10/04/2020.

Valsania Marco, *La crociata di Trump contro il terrorismo*, da *IlSole24ore* on line, https://st.ilsole24ore.com/art/mondo/2016-08-17/la-crociata-trump-contro-terrorismo-063532.shtml?uuid=ADAJ8c6, del 17/08/2016. Web. Ultima consultazione: 08/04/2020.

Viale Guido, *Violenza, razzismo e xenofobia sotto la legge del patriarcato*, https://ilmanifesto.it/violenza-razzismo-e-xenofobia-sotto-la-legge-del-patriarcato, *Il Manifesto*. Pubblicato il

22/02/2020, aggiornato il 23/03/2020. Web. Ultima
consultazione: l'8/04/2020.

Tidona Lorenzo Enrico, *Elezioni regionali, Reggio Emilia e la
Bassa sono del Pd. La montagna è il feudo della Lega*,
https://gazzettadireggio.gelocal.it/reggio/cronaca/2020/01/27/new
s/elezioni-regionali-reggio-emilia-e-la-bassa-sono-del-pd-la-
montagna-e-il-feudo-della-lega-1.38389210, *Gazzetta di Reggio*.
Data di pubblicazione: 27/01/2020. Web. Data di consultazione:
04/04/2020.

Turco Susanna, *Viaggio nel feudo campano dei De Luca, dove il
seggio va di padre in figlio*,
https://espresso.repubblica.it/attualita/2018/02/13/news/viaggio-
nel-feudo-campano-dei-dei-luca-dove-il-seggio-va-di-padre-in-
figlio-1.318249, *L'Espresso*, pubblicato il 15/02/2018. Web.
Ultima consultazione: il 28/03/2020.

Zappa Chiara, *Come in Europa. «Magna Charta» orgoglio
d'Africa*, https://www.avvenire.it/agora/pagine/magna-carta-
africa, *Avvenire*. Pubblicato il 29/11/2011. Web. Ultima
consultazione: il 06/04/2020.

Articoli redazionali, cartacei e on line

Adnkronos, *Dall'ampolla sul Po al presepe, la svolta di Salvini*,
https://www.adnkronos.com/fatti/politica/2019/12/22/dall-
ampolla-sul-presepe-svolta-
salvini_4FsLmamnAZMDufKf6awhAO.html?refresh_ce, articolo
del 22/12/2019. Web. Ultima consultazione: 06/04/2020.

ANSA, *Europee: Dal sacro Romano impero cattolico al partito
internettiano, primi simboli depositati al Viminale*,
http://www.ansa.it/sito/notizie/politica/2019/04/07/europee-dal-
sacro-romano-impero-cattolico-al-partito-internettiano-primi-
simboli-depositati-al-viminale_1029a6db-6ca1-47db-a301-

af598748423a.html del 07/04/2019. Web. Ultima consultazione: 06/04/2020.

Associazione Politico-Culturale Marx XXI, *La crociata contro gli aborti dei politici con l'elmetto*, pubblicato su http://www.marx21.it/index.php/fr/42?start=3140, in data 14/02/2008. Web. Ultima consultazione: 10/04/2020.

BBC NEWS, *Bush urges US back to work* del 17 settembre 2001, è tratto dal sito ufficiale dell'emittente BBC, pubblicato dalla redazione http://news.bbc.co.uk/1/hi/world/americas/1547892.stm. Web. Ultima consultazione: 06/04/2020.

Blog Libero, *Medioevo mediatico* dal blog *http://blog.libero.it/ossimora/4301880.html*, weblog entry, ad opera di utente Ossimora, pubblicato il 16/03/2008. Web. Ultima consultazione: il 26/09/2020.

Contropiano, giornale comunista on line, *Le bufale di Di Maio, dal "reddito di cittadinanza" alla corvée medievale*, https://contropiano.org/news/politica-news/2018/06/23/le-bufale-di-di-maio-dal-reddito-di-cittadinanza-alla-corvee-medievale-0105256. Pubblicato il 23/06/2018. Web. Ultima consultazione: il 10/04/2020.

Gazzetta ufficiale della Repubblica Italiana, *Legge 22 maggio 1978, n. 194, che dispone le "Norme per la tutela sociale della maternità e sull'interruzione volontaria della gravidanza"*, pubblicata sulla Gazzetta Ufficiale del 22 maggio 1978, n. 140, e disponibile sul sito del Ministero della Salute http://www.salute.gov.it/imgs/C_17_normativa_845_allegato.pdf. Web. Ultima consultazione: il 24/10/2020.

Il Fatto Quotidiano, *Europee, dal Partito Internettiano al Sacro Romano Impero Cattolico: depositati i simboli al Viminale,* https://www.ilfattoquotidiano.it/2019/04/07/europee-dal-partito-internettiano-al-sacro-romano-impero-cattolico-depositati-i-simboli-al-viminale/5092765/ di Redazione Il Fatto Quotidiano on-line del 07/04/2019. Web. Ultima consultazione: 06/04/2020.

Il Fatto Quotidiano, *Governo Renzi ottiene la fiducia: 169 sì. M5s: "Bugiardo come Wanna Marchi"*, https://www.ilfattoquotidiano.it/2014/02/25/governo-renzi-ottiene-la-fiducia-169-si-m5s-bugiardo-come-wanna-marchi/892698/ pubblicato il 25/02/2014. Web. Ultima consultazione: il 05/04/2020.

Huffington Post, *Enrico Mentana: "Negazionisti, antivaccinisti, razzisti e cospiratori: sul web c'è il Medio Evo 2.0"*, http://www.huffingtonpost.it/2017/07/21/enrico-mentana-negazionisti-antivaccinisti-razzisti-e-cospir_a_23041237/, Huffington Post, pubblicato il 21/07/2017. Web. Ultima consultazione: il 08/04/2020.

Il Populista, *Orlando torna a Canossa: "Non facciamo polemiche con il PD"*, http://www.ilpopulista.it/news/27-Gennaio-2018/22824/orlando-torna-a-canossa-non-facciamo-polemiche-con-il-pd.html, Il Populista, MC Srl. Pubblicato il 27/01/2018. Web. Ultima consultazione: il 10/04/2020.

Il Tirreno, *"Rigurgiti di Medioevo"*, lettera al quotidiano *Il Tirreno*, pubblicata nella rubrica "Lettere & Opinioni" di martedì 2 dicembre 2008, p. 11.

La Repubblica, *La crociata di Trump contro i prezzi bassi dei medicinali*, da redazione www.repubblica.it, https://ricerca.repubblica.it/repubblica/archivio/repubblica/2020/02/17/la-crociata-di-trump-contro-i-prezzi-bassi-dei-medicinaliAffari_e_Finanza17.html?ref=search, del 17/02/2020. *La Repubblica.* Web. Ultima consultazione: 10/04/2020.

La Repubblica, *Fraore, la Lega: situazione da Medioevo*, https://sanpancrazio-parma.blogautore.repubblica.it/2010/07/22/fraore-la-lega-situazione-da-medioevo/, pubblicato il 22/07/2010. Web. Ultima consultazione: il 05/04/2020.

La Repubblica, *Il Robin Hood che salva le foreste della Romania*, https://ricerca.repubblica.it/repubblica/archivio/repubblica/2020/0 3/13/il-robin-hood-che-salva-le-foreste-della-romania23.html?ref=search, pubblicato il 13/03/2020. Web. Ultima consultazione: il 07/04/2020.

Libero, *Vittorio Sgarbi, folle crociata sul coronavirus: "Denuncio per procurato allarme"*, https://www.liberoquotidiano.it/news/personaggi/21197954/vittor io_sgarbi_coronavirus_denuncia_procurato_allarme_associazione _patto_trasversale_per_la_scienza.html, dalla redazione on line di Liberoquotidiano.it, del 14/03/2020. Web. Ultima consultazione: 10/04/2020.

Open, *Coronavirus, Zaia: «La frase mi è uscita male. Se crolla il Pil torniamo al medioevo»*, https://www.open.online/2020/02/29/coronavirus-zaia-la-frase-mi-e-uscita-male-se-crolla-il-pil-torniamo-al-medioevo/ del 29/02/2020. Open.online. Web. Ultima consultazione: il 06/04/2020.

Politica Insieme, *A proposito dei simboli in politica. L'ignoranza sullo scudo crociato*, https://www.politicainsieme.com/a-proposito-dei-simboli-in-politica-lignoranza-sullo-scudo-crociato-dc/ del 23/08/2019. Web. Ultima consultazione: il 24/10/2020.

Tgcom24, *«Coronavirus, la quarantena dei Vip: "Situazione da medioevo";*https://www.tgcom24.mediaset.it/televisione/coronavirus-la-quarantena-dei-vip-situazione-da-medioevo_15717871-

202002a.shtml, articolo del 05 marzo 2020. Web. Ultima consultazione: il 25 marzo 2020.

Toscana Oggi, *Educare alla legalità. Il testo integrale della Nota pastorale della Commissione ecclesiale Giustizia e Pace «Educare alla legalità», pubblicato il 4 ottobre 1991*, https://www.toscanaoggi.it/Documenti/Chiesa-italiana/Educare-alla-legalita, Toscana Oggi Società Cooperativa, pubblicato in data 01/10/2005. Web. Ultima consultazione: il 04/04/2020.

Unesco, *La Carta del Mandén, proclamada en Kurukan Fuga*, https://ich.unesco.org/es/RL/la-carta-del-manden-proclamada-en-kurukan-fuga-00290, UNESCO, web, Ultima consultazione: il 06/04/2020.

Risorse cartacee, saggi e altre fonti

AA.VV., *Medioevo*, Milano, Garzanti Libri S.p.A., collana "Le garzantine", 2007.

Arlès Philippe, *Storia della morte in Occidente*, Milano, BUR Biblioteca Univ. Rizzoli, Collana: La Scala. Saggi, 1998.

Barbero Alessandro, *Carlo Magno. Un padre dell'Europa*, Roma-Bari, Gius. Laterza & Figli, Economia Laterza, 2004.

Barbero Alessandro, Frugoni Chiara, *Dizionario del Medioevo*, Roma-Bari, Editori Laterza, maggio 2001.

Balestracci Duccio, *Medioevo italiano e Medievistica*, Roma, Il Calamo, 1996.

Bilé Serge (traduzione di A. M. Foli), *Quando i neri fanno la storia. Fulgore e decadenza del Medioevo africano*, Verona, EMI editrice missionaria italiana, gennaio 2010.

Bonetti Deborah, *Alcol e sesso fuori dal matrimonio. Ottanta frustate in piazza. Medioevo in Iran, solo quest'anno 120 condanne alla fustigazione*, tratto dal quotidiano "La Nazione" del 24 agosto 2007, p. 21.

Bordone Renato, *Medioevo oggi* in *Lo spazio letterario del Medioevo – 1. Il Medioevo Latino*, volume IV: *L'attualizzazione del testo*, Roma, Salerno Editrice, marzo 1997, pagine da 261 a 297.

Brivio Paolo, *Spiaggia vietata, è sempre Medioevo*, pubblicato sulla rivista "Scarp de' tenis. Il mensile della strada", anno 24, numero 234, agosto-settembre 2019, Milano, Editore Oltre Soc. Coop., pag. 11.

Cardini Franco, *I Templari*, Milano, Giunti editore, 2013.

Cardini Franco, Le *crociate. La storia oltre il mito*, Novara, De Agostini Periodici, *Medioevo Dossier*, 1\2007.

Cannella Mario, Lazzarini Beata e Zaninello Andrea (a cura di) *Lo Zingarelli 2021 - Vocabolario della lingua italiana di Nicola Zingarelli*, Ristampa 2021 della Dodicesima edizione, Bologna, Zanichelli Editore, 2020.

Corbi Gianni, *Il matrimonio del diavolo*, da "La Repubblica" del 3 marzo 1998, La Repubblica – Gruppo Editoriale L'Espresso SpA, pagina 37, righe 123 e 124.

Corbi Gianni, *La crociata di Merlin la "Rossa"*, da "La Repubblica" del 4 febbraio 1998, La Repubblica – Gruppo Editoriale L'Espresso SpA, pagine 34 e 35.

De Crescenzo Luciano, *Storia della filosofia medievale*, I edizione "I Miti" 2003, Mondadori.

De Troyes Chrétien, *I Romanzi Cortesi. Perceval, Erec e Enide, Cligès, Lancillotto, Ivano* a cura di Gabriella Agrati e Maria Letizia Magini, Milano, Arnoldo Mondadori Editore S.p.A, collana Oscar Mondadori, 2009, ristampa 28.
Di Carpegna Falconieri, *Medioevo militante. La politica di oggi alle prese con barbari e crociati*, Torino, Einaudi Passaggi, 2011.

Di Giammarco Rodolfo, *Addio Turi Ferro – Un Patriarca del teatro da Pirandello a Verga*, "La Repubblica" del 12 maggio 2001, pagina 39.

Eco Umberto, *Introduzione al Medioevo*, in Eco Umberto (a cura di), *Il Medioevo - Barbari, Cristiani, Musulmani*, Milano, Encyclomedia Publishers s.r.l., 2011.

Engelberg Stephan, *Guerra santa globale – la crociata di Bin Laden*, da "La Repubblica" del 15 gennaio 2001, pagina 13.

Figara Fabio, *Il Medioevo su "La Repubblica" - spoglio e selezione di articoli dedicati al Medioevo pubblicati sul quotidiano "La Repubblica" (gennaio 1997 – ottobre 2001): analisi tematica e quantitativa del materiale selezionato*, Università degli studi di Pisa, Facoltà di Lettere e Filosofia, Corso di Laurea in Storia, Tesi di laurea, a.a. 2003-04, relatore Dott.sa Cecilia Iannella.

Fernández Luis Moreno, Tellado Raul Jimenez, *Democrazie robotizzate. USA e UE. Neofeudalesimo e reddito di cittadinanza?* Milano, Aracne editore, dicembre 2018.

Frontoni Gabriele, *Inquilini e proprietari riuniti dalla cedolare*, in *Milano Finanza-Mercati Finanziari (MF)*, Milano, Class Editori, numero del 6 agosto 2010, pag. 6.

Garofani Barbara, *Il medioevo a scuola: un problema di luoghi comuni?* in *Medioevo e didattica - V Workshop nazionale*, Reti Medievali Rivista, Brescia, Università Cattolica del Sacro Cuore, 15/04/2005.

Gildas, *La conquista della Britannia. De Excidio Britanniae*, a cura di Giuriceo Sabrina, Rimini, Il Cerchio iniziative editoriali, 2005.

Grienti Vincenzo, *Giornalismo 4.0. Come cambia la comunicazione*, Soveria Mannelli (CZ), Rubbettino Editore Srl, 2018.

Holt James C., *Robin Hood. Storia del ladro gentiluomo*, traduzione di Grazia Maria Griffini, Milano, Arnoldo Mondadori Editore S.p.A., 2005.

Lerner Gad, *Crociate, il millennio dell'odio. Discussione con Franco Cardini*, Milano, edizioni BUR Biblioteca Univ. Rizzoli, collana SB Saggi, settembre 2001.

Licinio Raffaele, *Monstra – Tutto ciò che sul Medioevo non avreste mai voluto udire*, in *Quaderni medievali* numero 57, giugno 2004, pagine da 101 a 115, edizioni Dedalo.

Lezza Laura, *Nel feudo dei Casalesi: due livornesi guidano la lotta alla Camorra*, tratto da *Il Tirreno*, cronaca di Livorno, domenica 28/12/2008, p. XI.

Lollini Fabrizio, *Nostalgia del Medioevo*, in Eco Umberto (a cura di), *Il Medioevo - Castelli, Mercanti, Poeti*, Milano, Encyclomedia Publishers s.r.l., 2011.

Loré Vito e Rao Riccardo, *Medioevo da manuale. Una ricognizione della storia medievale nei manuali scolastici italiani*, Reti Medievali Rivista, 18(2), 305-340 (2017) www.retimedievali.it, https://doi.org/10.6092/1593-2214/5353.

Marroni Stefano, *Fini avverte Berlusconi - "Non andrò a Canossa"*, da "La Repubblica" del 21 aprile 1999, pagina 15.

Montanelli Indro, *Cervi Mario, Storia d'Italia. L'Italia degli anni di fango. Dal 1978 al 1993*, Bergamo, RCS Quotidiani S.p.A. – Corriere della Sera, 2004.

Nennio, *La storia di re Artù e dei Britanni. Historia Brittonum*, a cura di Adolfo Morganti, Rimini, Il Cerchio iniziative editoriali, 2003.

Pace Giovanni Maria, *Il professore è "eretico", la Cattolica lo caccia*, da "La Repubblica" del 22 febbraio 1998, pagina 31.

Pandolfi Livia, *Il declino della scienza e il trionfo dell'umore*, pubblicato sulla rivista "VerdEtà", rubrica *"L'inchiesta: il nuovo Medioevo 4.0"*, Roma, CNA Pensionati, numero 66, ottobre 2018, Edizioni CNA, pp. 16-17.

Piccinni Gabriella, *Il Medioevo*, Milano, Bruno Mondadori Editore, 2004.

Ravelli Fabrizio, *E Umberto lancia la sfida: Re Artù di Arcore ci ascolterà*, da "La Repubblica" del 16 maggio 2001, pagina 7.

Sabatini Francesco, *Lezioni di italiano: Grammatica, storia, buon uso*, Milano, Mondadori, 2016, Kindle file.

Sergi Giuseppe, *L'idea di Medioevo – Tra senso comune e pratica storica*, Roma, Donzelli Editore, 1998.

Spalletta Marica, *Il judo: un giornalismo "figlio di un Dio minore"?*, in Spalletta Marica, Ugolini Lorenzo, *Sportnews. Modi e mode del giornalismo sportivo italiano*, Roma, UCSI (Unione Cattolica Stampa Italiana) e UNISOB (Università degli Studi Suor Orsola Benincasa Napoli), novembre 2013, pp. 249-274.

Vitolo Giovanni, *Medioevo – I caratteri originali di un'età di transizione*, Milano, R.C.S. Libra S.p.A., edizioni Sansoni, 2000.

Zanotelli Alex, *L'ignavia è un crimine,* in *San Francesco,
Periodico mensile della Custodia Generale del Sacro Convento
dei Frati Minori Conventuali in Assisi*, Assisi (PG), numero 3,
marzo 2020, pp. 13-14.